내신공략! 독해공략!

내공
중학영어독해

예비중
2

KB084581

🔳 DARAKWON

저자 약력

Rachel Somer

York University (캐나다 토론토) 영문학 학사
〈Fundamental Reading Basic 1, 2〉(다락원), TOEIC, TOEFL 등 다수의 영어 교재 집필
10년 이상의 ESL 강의 경험 보유

내공 중학영어독해 예비중 ❷

지은이 Rachel Somer
펴낸이 정규도
펴낸곳 (주)다락원

초판 1쇄 발행 2021년 3월 2일
초판 3쇄 발행 2023년 11월 7일

편집 서정아
디자인 박나래, 박선영

다락원 경기도 파주시 문발로 211
내용문의 (02)736-2031 내선 503
구입문의 (02)736-2031 내선 250~252
Fax (02)732-2037
출판등록 1977년 9월 16일 제 406-2008-000007호

ISBN 978-89-277-0455-3 54740
     978-89-277-0453-9 54740 (set)

Photo Credits
stock_shot (p.28), nosonjai (p.28), Zhukova Valentyna
(p.28), Nicola Devecchi (p.28), Faiz Zaki (p.36), Anges van
der Logt (p.42), Kathy Hutchins (p.48), Martin Bergsma
(p.54), SSokolov (p.71, p.72), Lewis Tse Pui Lung (p.71),
Roman Babakin (p.86), Mazur Travel (p.86) /
Shutterstock.com

http://www.darakwon.co.kr
다락원 홈페이지를 방문하시면 상세한 출판정보와 함께
동영상강좌, MP3자료 등 다양한 어학 정보를 얻으실 수 있습니다.

내신공략! 독해공략!

내공
중학영어독해

예비중
2

DARAKWON

구성 및 특징

독해 지문 학습

Unit별로 4개의 지문을 학습합니다. 동물, 식물, 인물, 문화, 사회, 역사, 우주 등 재미있고 유익한 지문을 통해 독해력을 향상시킬 수 있습니다.

지문 정보

지문의 단어 수와 난이도를 확인할 수 있습니다.
(난이도 상 ★★★, 중 ★★☆, 하 ★☆☆)

Word Check

학교 시험에 자주 출제되는 영영 뜻풀이 문제를 연습할 수 있으며 단어의 이해도를 높일 수 있습니다.

지문 QR 코드

QR코드를 스캔 하면 해당 지문을 MP3 파일로 바로 들어볼 수 있습니다. (스마트 기기에 QR코드 인식앱을 설치한 후 사용하세요.)

---

04 Money

106 words ★☆☆

> 평소에 돈을 저축 하는 편인가요?

Alan:

Do you save money every month? (①) You should save as much money as possible. (②) Life is full of unexpected events. (③) You might break your cell phone or computer. (④) A family member might get sick and need medicine. (⑤) However, if you have money saved, you will not need to worry about the cost.

Beth:

It is important to save for a rainy day. But spending money can also make your life happier. _____, you can take a trip

with your family or go to a baseball game with your friends. There is no time like the present. Making memories is more valuable than the money you save.

Word Check

다음 영영 뜻풀이에 해당하는 단어를 글에서 찾아 쓰시오.

1 _____ today; now
2 _____ having a high worth
3 _____ the amount of money you need to pay for something

018

Unit별 주요 어휘 미리 보기

지문의 주요 어휘를 미리 살펴보고 문제를 통해 확인할 수 있습니다. 상단 QR코드 스캔 시 원어민 성우의 발음을 들을 수 있습니다.

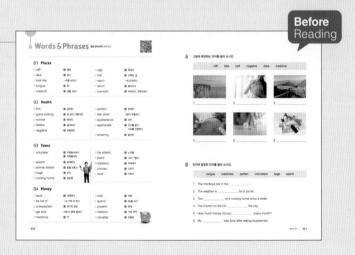

1 토론의 주제로 가장 알맞은 것은?

① Saving Money vs. Spending It
② The Benefits of Saving Money
③ Do Children Need Pocket Money?
④ What You Can Do with Your Money
⑤ The Importance of Family and Friends

주제 찾기, 세부 사항 파악, 글의 흐름 등 다양한
독해 문제와 서술형 문제를 연습할 수 있습니다.
지문에 따라 3~4문제가 수록되어 있습니다.

2 다음 문장이 들어갈 위치로 가장 알맞은 곳은?

> It is expensive to pay for all these things.

①   ②   ③   ④   ⑤

3 글의 빈칸에 들어갈 말로 가장 알맞은 것은?

① Similarly   ② However
③ In addition   ④ For example
⑤ In other words

● **SUMMARY**
글의 주요 내용을 표나 요약문으로 정리해보는
Summary 문제가 수록되어 있습니다.

4 다음 빈칸에 알맞은 단어를 글에서 찾아 쓰시오.

Alan	Beth
You should _____ money because _____ events might happen.	You should _____ money to make your life _____.

After
Reading

Expand Your Knowledge

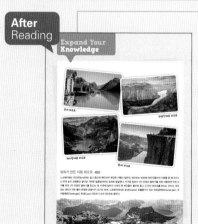

Expand Your Knowledge

Unit 마지막에는 지문과 관련된 배경 지식과 상식
을 넓힐 수 있는 읽을거리가 수록되어 있습니다.

Workbook

각 Unit의 주요 어휘 및 해석이 어려운 문장을 워
크북을 통해 복습할 수 있습니다.

온라인 학습자료 www.darakwon.co.kr
단어 리스트, 단어 테스트, Dictation 테스트, 지
문 해석 시트, Review Test 등 다양한 부가자료
를 무료로 이용할 수 있습니다.

목차

UNIT
01

Words & Phrases 중요 단어/숙어 미리 보기

01 Places

○ cliff	명 절벽	○ ugly	형 못생긴
○ lake	명 호수	○ trail	명 산책로, 길
○ look like	~처럼 보이다	○ reach	~에 도착하다
○ tongue	명 혀	○ return	통 돌아오다
○ creature	명 생물, 존재	○ overlook	통 바라보다, 내려다보이다

02 Health

○ thin	형 날씬한	○ perfect	형 완벽한
○ good-looking	형 잘 생긴, 아름다운	○ feel down	기분이 우울하다
○ normal	형 정상인	○ appearance	명 외모
○ dislike	통 싫어하다	○ appreciate	통 진가를 알다, 가치를 인정하다
○ negative	형 부정적인	○ amazing	형 놀라운

03 Teens

○ volunteer	통 자원봉사하다 명 자원봉사자	○ the elderly	명 노인들
		○ event	명 사건; *행사
○ search	통 검색하다	○ outdoors	부 야외에서
○ animal shelter	명 동물 보호소	○ choose	통 고르다
○ cage	명 우리	○ local	형 지역의
○ nursing home	명 양로원		

04 Money

○ save	통 저축하다	○ cost	명 비용
○ be full of	~로 가득 차 있다	○ spend	통 (돈을) 쓰다
○ unexpected	형 예기치 않은	○ present	명 현재
○ get sick	아프다, 병에 걸리다	○ memory	명 기억, 추억
○ medicine	명 약	○ valuable	형 귀중한

A 그림에 해당하는 단어를 골라 쓰시오.

cliff	lake	trail	negative	save	medicine

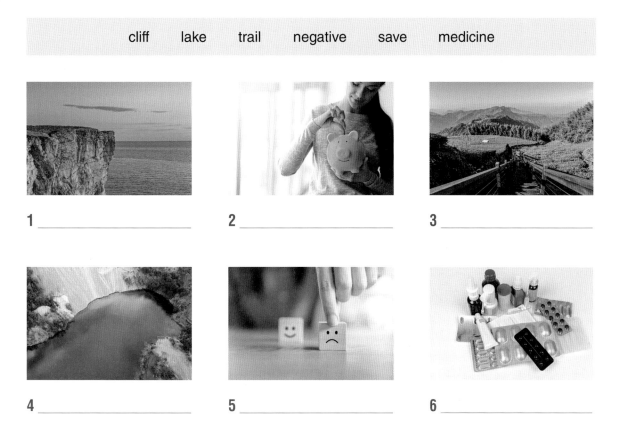

1 _____

2 _____

3 _____

4 _____

5 _____

6 _____

B 빈칸에 알맞은 단어를 골라 쓰시오.

tongue	overlooks	perfect	volunteers	cage	spend

1 The monkeys are in the _____.

2 The weather is _____ for a picnic.

3 Tom _____ at a nursing home once a week.

4 The church on the hill _____ the city.

5 How much money do you _____ every month?

6 My _____ was blue after eating blueberries.

01 Places

112 words ★★☆

> Q
> 특이하게 생긴 바위나 지형을 본 적이 있나요?

Norway's Trolltunga is a rock cliff that hangs about 700 meters above a lake. It got its name because it looks like a troll's tongue. Trolls are *fairy tale creatures with huge bodies and ugly faces.

Trolltunga is one of the most famous hiking places in the world. Hikers usually drive to the trail and spend all day hiking. On average, it takes 10 to 12 hours to reach the top and to return.

The view from the top is fantastic. It overlooks **glaciers, cliffs, clear blue lakes, and green forests. Many people take pictures on the end of the troll's tongue. But they must be careful, or they might fall off.

*fairy tale 동화   **glacier 빙하

1 글의 주제로 가장 알맞은 것은?

① fairy tale creatures

② a rock cliff in Norway

③ things to do in Norway

④ how Trolltunga was formed

⑤ the world's best hiking places

2 Trolltunga에 관한 글의 내용과 일치하지 <u>않는</u> 것을 <u>모두</u> 고르시오.

① 노르웨이에 있다.

② 호수 위 700미터 상공에 있다.

③ 정상까지 차를 타고 간다.

④ 정상까지는 왕복 10-12시간이 걸린다.

⑤ 정상에서는 사진 촬영이 금지되어 있다.

3 글에서 Trolltunga 정상에서 볼 수 있는 것으로 언급되지 <u>않은</u> 것은?

① 빙하   ② 절벽   ③ 호수   ④ 숲   ⑤ 섬

서술형

4 글의 내용과 일치하도록 다음 질문에 답하시오.

Q What does Trolltunga mean?

A It means ＿＿＿＿＿＿＿ ＿＿＿＿＿＿＿.

Word Check

다음 영영 뜻풀이에 해당하는 단어를 글에서 찾아 쓰시오.

1 ＿＿＿＿＿＿＿ to come back to a place

2 ＿＿＿＿＿＿＿ to have a view of something from above

3 ＿＿＿＿＿＿＿ a living animal; an imaginary being

마음에 들지 않은 신체 일부가 있나요?

Do you want to change your body? Maybe you want to be taller, thinner, or better-looking. It is normal to dislike parts of your body. However, it is important to *accept yourself, too. How can you <u>do this</u>?

(①) Try not to make negative **comments about your body. (②) Always remember that nobody is perfect. (③) You would not say negative things about your friends' bodies. (④) So do not say them about your body, either. (⑤)

When you are feeling down about your appearance, think about the things you like about yourself. You are more than just how you look. Appreciate the amazing things you can do, like dancing, climbing, or playing a sport.

*accept 받아들이다 **comment 논평, 언급

1 글의 제목으로 가장 알맞은 것은?

① Improving Your Health

② What Makes You Happy

③ Habits of Unhappy People

④ Having a Positive Body Image

⑤ What to Do When You Are Unhappy

2 글의 목적으로 가장 알맞은 것은?

① 광고   ② 초대   ③ 조언   ④ 감사   ⑤ 공지

3 다음 문장이 들어갈 위치로 가장 알맞은 곳은?

> These comments can hurt your body image.

①   ②   ③   ④   ⑤

서술형

4 글의 밑줄 친 do this가 의미하는 내용을 우리말로 쓰시오.

_____

Word Check

다음 영영 뜻풀이에 해당하는 단어를 글에서 찾아 쓰시오.

1 _____ bad or harmful

2 _____ to not like something

3 _____ to recognize good qualities

119 words ★☆☆

어떤 봉사활동을 해보았나요?

Last summer vacation, I had nothing to do. One day, my mom asked, "How about volunteering?" That was a good idea, but I was not sure where to volunteer.

I searched the Internet. The animal shelter needed a lot of help. Volunteers walk the dogs and clean up the cages. ⓐ They also take photos of the animals for social media *posts. This helps the animals **get adopted.

The nursing home also needed volunteers. There, volunteers spend time with the elderly. Volunteers read ⓑ them stories. They also plan fun events, like holiday parties.

I love working outdoors, so I chose to volunteer at a local park. I worked with a team to make some new gardens. They were very beautiful.

*post 게시글, 포스트(블로그, 소셜 네트워크 등에 올리는 글이나 사진)
**get adopted 입양되다

1 글의 주제로 가장 알맞은 것은?

① volunteer work

② growing a garden

③ summer vacation plans

④ helping with the housework

⑤ working at an animal shelter

2 글에서 동물 보호소에서 자원봉사자가 하는 일로 언급된 것을 <u>모두</u> 고르시오.

① 개 산책시키기   ② 우리 청소하기

③ 사진 찍기   ④ 파티 계획하기

⑤ 정원 가꾸기

3 글에 따르면, 글쓴이가 지역 공원에서 자원봉사를 한 이유는?

① 꽃과 식물을 좋아하기 때문에

② 사진 찍는 것을 좋아하기 때문에

③ 파티 준비하는 것을 좋아하기 때문에

④ 야외에서 일하는 것을 좋아하기 때문에

⑤ 팀으로 일하는 것을 좋아하기 때문에

서술형

4 글의 밑줄 친 @와 ⓑ가 가리키는 것을 찾아 쓰시오.

@ _____   ⓑ _____

Word Check

다음 영영 뜻풀이에 해당하는 단어를 글에서 찾아 쓰시오.

1 _____ a box with bars that holds animals

2 _____ to work without pay, often for a charity; a person who volunteers

3 _____ people who are 65 or older

04 Money

평소에 돈을 저축하는 편인가요?

Alan:

Do you save money every month? (①) You should save as much money as possible. (②) Life is full of unexpected events. (③) You might break your cell phone or computer. (④) A family member might get sick and need medicine. (⑤) However, if you have money saved, you will not need to worry about the cost.

Beth:

It is important to save for a rainy day. But spending money can also make your life happier. _____, you can take a trip with your family or go to a baseball game with your friends. There is no time like the present. Making memories is more valuable than the money you save.

Word Check

다음 영영 뜻풀이에 해당하는 단어를 글에서 찾아 쓰시오.

1 _____ today; now
2 _____ having a high worth
3 _____ the amount of money you need to pay for something

1 토론의 주제로 가장 알맞은 것은?

① Saving Money vs. Spending It
② The Benefits of Saving Money
③ Do Children Need Pocket Money?
④ What You Can Do with Your Money
⑤ The Importance of Family and Friends

2 다음 문장이 들어갈 위치로 가장 알맞은 곳은?

> It is expensive to pay for all these things.

①   ②   ③   ④   ⑤

3 글의 빈칸에 들어갈 말로 가장 알맞은 것은?

① Similarly   ② However
③ In addition   ④ For example
⑤ In other words

SUMMARY

4 다음 빈칸에 알맞은 단어를 글에서 찾아 쓰시오.

Alan	Beth
You should _____ money because _____ events might happen.	You should _____ money to make your life _____.

송네 피오르

하르당에르 피오르

게이랑에르 피오르

뤼세 피오르

빙하가 만든 지형 피오르 `p.12`

노르웨이에는 피오르(fjord)라는 길고 좁으며 해안선이 복잡한 지형이 많은데, 피오르는 빙하에 의해 만들어진 지형들 중 하나이다. 산 위의 눈이 오랫동안 쌓이면 거대한 얼음덩어리인 빙하로 발달한다. 무거운 빙하가 V자 모양의 골짜기를 따라 이동하면 주변 산지를 깎아 U자 모양의 골짜기를 만드는 데, 이곳에 빙하가 사라진 후 바닷물이 들어와 좁고 긴 만인 피오르를 만드는 것이다. 피오르는 경치가 아주 좋아 유명한 관광지가 되기도 하며, 노르웨이에서는 송네(Sogne), 트롤퉁가가 있는 하르당에르(Hardanger), 게이랑에르(Geiranger), 뤼세(Lyse) 피오르가 4대 피오르로 꼽힌다.

UNIT
02

Words & Phrases 중요 단어/숙어 미리 보기

05 People

○ empty	형 빈	○ A as well as B	B뿐만 아니라 A도
○ neighbor	명 이웃	○ appear	통 나타나다, 출연하다
○ collect	통 모으다	○ ocean	명 바다
○ recyclable	형 재활용 가능한	○ thanks to	~ 덕분에
○ coworker	명 동료	○ end up	결국 (어떤 처지가) 되다, (어떤 장소에) 가게 되다

06 Teens

○ tryout	명 입단 테스트	○ trip over	~에 걸려 넘어지다
○ nervous	형 초조한, 긴장한	○ improve	통 개선되다, 나아지다
○ make a team	팀에 들어가다	○ take turns -ing	교대로 ~하다
○ practice	통 연습하다	○ cheer for	~을 응원하다
○ dribble	통 드리블하다	○ coach	명 감독

07 Culture

○ sandcastle	명 모래성	○ prize	명 상
○ competition	명 경쟁, 대회	○ community	명 지역 사회
○ take place	개최되다, 열리다	○ charity	명 자선 단체
○ gather	통 모이다	○ scholarship	명 장학금
○ sculpture	명 조각품	○ based on	~을 기초로

08 Food

○ fatty	형 지방질의, 지방이 많은	○ heat	명 열
○ rich	형 (맛이) 진한	○ ingredient	명 재료
○ sauce	명 소스	○ flavorful	형 풍미 있는, 맛 좋은
○ combination	명 조합	○ crispy	형 바삭한
○ flavor	명 맛	○ texture	명 질감, 식감

A 그림에 해당하는 단어를 골라 쓰시오.

| empty | recyclable | ocean | improve | sandcastle | prize |

1 _____

2 _____

3 _____

4 _____

5 _____

6 _____

B 빈칸에 알맞은 단어를 골라 쓰시오.

| neighbor | practice | trip over | cheer for | fatty | ingredient |

1 _____ foods taste good but are not healthy.

2 Mr. Green is my next-door _____.

3 My parents always _____ my brother's toys.

4 At the soccer game, I _____ my favorite team.

5 Flour is a(n) _____ in bread and cakes.

6 We will _____ a lot before the dance contest.

05 People

120 words ★★☆

Q
환경 보호를 위해 무엇을 할 수 있을까요?

In 2012, three-year-old Ryan Hickman went to a recycling center with his father. They *cashed in some cans and bottles. The next day, Ryan asked his parents to give empty plastic bags to their neighbors. He wanted to collect their recyclable items.

The neighbors collected cans and bottles for Ryan. Their friends and coworkers did, too. Soon, Ryan began recycling for people all over the city. Today, Ryan collects plastic and glass bottles as well as cans. He and his father take them to the recycling center.

Ryan's story **went viral in 2016. He appeared on many television and radio shows. Ryan's goal is to help save the oceans. Thanks to him, many cans and bottles do not end up there.

*cash in ~을 현금으로 바꾸다   **go viral 입소문이 나다

1 글의 제목으로 가장 알맞은 것은?

① Recycling Items

② The Recycling Boy

③ Helping Neighbors

④ Ryan's Daily Routine

⑤ Ways to Save the Oceans

2 Ryan Hickman에 관한 글의 내용과 일치하면 T, 그렇지 않으면 F를 쓰시오.

(1) 이웃들의 재활용품을 수거해준다. _____

(2) 재활용품을 이용해 새로운 물건을 만든다. _____

3 글에서 Ryan이 수거하는 것으로 언급된 것을 <u>모두</u> 고르시오.

① paper ② plastic bottles

③ glass bottles ④ plastic bags

⑤ cans

서술형

4 글의 내용과 일치하도록 다음 질문에 답하시오.

Q Why does Ryan recycle?

A He wants to _____ .

Word Check

다음 영영 뜻풀이에 해당하는 단어를 글에서 찾아 쓰시오.

1 _____ a person who works with you

2 _____ a person who lives next to or near you

3 _____ to be on a TV or in a film, play, concert, etc.

06 Teens

120 words ★☆☆

좋아하는 스포츠나
운동이 있나요?

On Friday, my school had tryouts for the basketball team. I was really nervous. Last year, I did not make the team. This year, my friend, Derek, said he would help me.

Every day after school, Derek and I went to the basketball court. We practiced dribbling and passing the ball. I am great at passing the ball. But I always trip over my feet when I dribble. Derek helped me improve a lot. We also took turns shooting the ball.

On the day of the tryouts, Derek came to cheer for me. The basketball coach asked me to show my dribbling, passing, and shooting skills. Finally, the coach chose me to be on the team. I was so _____!

1 글의 제목으로 가장 알맞은 것은?

① My Best Friend

② My Favorite Sport

③ The Basketball Tryouts

④ Enjoying a Basketball Game

⑤ How to Become a Basketball Player

2 글에 따르면, 글쓴이를 도와준 사람은?

① 형　　　　② 부모님　　　　③ 친구　　　　④ 감독　　　　⑤ 선생님

3 글의 빈칸에 들어갈 말로 가장 알맞은 것은?

① sad

② upset

③ excited

④ worried

⑤ disappointed

서술형

4 다음 빈칸에 알맞은 단어를 글에서 찾아 쓰시오.

The writer is good at _____ the ball but is not good at

_____ .

Word Check

다음 영영 뜻풀이에 해당하는 단어를 글에서 찾아 쓰시오.

1 _____ to get better at something

2 _____ to show support by clapping and yelling

3 _____ a test to check the skills of someone who wants to join a team

07 Culture

122 words ★★★

거대한 모래 조각
을 본 적이 있나
요?

Do you love sandcastles? Then the Texas SandFest is the event for you.

The Texas SandFest is the largest sand-sculpting competition in the United States. It takes place in Port Aransas, Texas, every April.

(①) Sculptors from around the world gather on the beach. (②) They build huge sculptures. (③) There are several categories in the competition. (④) Then, they compete to win prizes. (⑤) There is even a children's category.

The Texas SandFest began in 1997 and has grown into a three-day family festival. Visitors can enjoy food, live music, and amazing sand sculptures. The event also gives back to the community. The money from the festival goes to local charities and to scholarships for students.

Word Check

다음 영영 뜻풀이에 해당하는 단어를 글에서 찾아 쓰시오.

1 _____ to come together
2 _____ the people who live in the same area
3 _____ a 3D work of art made of wood, stone, clay, etc.

1 글의 주제로 가장 알맞은 것은?

① childhood memories

② things to do in Texas

③ a beach festival in Texas

④ how to make a sandcastle

⑤ fun activities to do at the beach

2 다음 문장이 들어갈 위치로 가장 알맞은 곳은?

> People choose a category based on their skill level.

①   ②   ③   ④   ⑤

3 The Texas SandFest에 관한 글의 내용과 일치하면 T, 그렇지 않으면 F를 쓰시오.

(1) 성인들만 대회에 참가할 수 있다. _____

(2) 축제 수익은 지역 사회를 위해 쓰인다. _____

SUMMARY

4 다음 빈칸에 알맞은 단어를 글에서 찾아 쓰시오.

The Texas SandFest

What	the largest _____ competition in the U.S.
When	every _____
Where	in _____, Texas
Things to do	• see or build sand sculptures • enjoy _____, live music

피자를 좋아하나요?

Pizza is one of the most popular foods in the world. People everywhere like to eat it. Why do they love pizza so much?

People often *crave foods that are fatty, rich, and sweet. Pizza **dough is topped with cheese, meat, sauce, and vegetables. Cheese is a fatty food. The meat toppings are very rich, and the sauce is sweet. This makes pizza the perfect combination of flavors.

Pizza is also popular because of its cooking process. Usually, people bake pizza in an oven. High heat makes some ingredients, such as the onions and green peppers, sweet and flavorful. _____, it makes the dough brown and crispy. This gives pizza its great taste and enjoyable texture.

*crave 갈망하다   **dough (피자의) 도우, 밀가루 반죽

1 글의 주제로 가장 알맞은 것은?

① the history of pizza
② the best pizza recipe
③ why people love pizza
④ the best pizza ingredients
⑤ popular foods around the world

2 글에서 피자를 맛있게 만드는 요소로 언급되지 <u>않은</u> 것은?

① cheese ② meat toppings
③ sauce ④ oil
⑤ high heat

3 글의 빈칸에 들어갈 말로 가장 알맞은 것은?

① In fact ② However
③ In addition ④ For example
⑤ In other words

서술형
4 다음 빈칸에 알맞은 단어를 글에서 찾아 쓰시오.

Pizza tastes great because of its combination of flavors and its
_____ _____ .

Word Check

다음 영영 뜻풀이에 해당하는 단어를 글에서 찾아 쓰시오.

1 _____ the taste of a food or drink
2 _____ one of the foods that you use to create a dish
3 _____ the feel of a surface or food

세계의 축제 p.28

삿포로 눈 축제

일본 홋카이도 삿포로에서 매년 2월 초에 개최되는 겨울 축제이다. 개최 기간은 1주일 정도이며 전 세계에서 모여든 빙설 조각가들이 눈과 얼음을 이용해 다양한 주제로 작품을 만들어 전시한다.

라 토마티나

스페인의 작은 마을 부뇰에서 매년 8월 마지막 주 수요일에 열리는 토마토 축제이다. 대형 트럭에 준비되어 있던 토마토가 푸에블로 광장 거리에 쏟아지면 관광객과 사람들이 토마토를 서로에게 던지며 즐긴다.

앨버커키 국제 열기구 축제

미국 뉴멕시코주 앨버커키에서 매년 10월 초에 9일 동안 개최되는 열기구 축제이다. 전 세계에서 모인 참가자들이 다양한 모양과 색채의 열기구를 띄우고 가장 장거리를 비행한 열기구를 선정한다.

베니스 카니발 축제

이탈리아 베네치아에서 매년 1월말부터 2월 사이에 약 10일 동안 개최되는 축제이다. 산마르코 광장을 중심으로 가면무도회, 가장행렬, 음악 공연 등이 펼쳐지고 축제 마지막 주말에는 아름다운 가면과 의상 경연 대회가 열린다.

UNIT
03

Words & Phrases 중요 단어/숙어 미리 보기

09 Jobs

○ scene	명 장면	○ double	명 대역 배우
○ exciting	형 흥미진진한	○ dress up	차려 입다; *변장[분장]하다
○ character	명 등장 인물	○ similar	형 비슷한
○ perform	동 하다, 행하다	○ audience	명 관객
○ risky	형 위험한	○ lines	명 대사

10 Animals

○ octopus	명 문어	○ hunt	동 사냥하다
○ be named after	~의 이름을 따서 명명되다	○ worm	명 벌레
○ fin	명 지느러미	○ unlike	전 ~와는 달리
○ flap	동 퍼덕이다	○ shoot	동 쏘다
○ deep	형 깊은	○ ink	명 먹물

11 Teens

○ motivate	동 동기를 부여하다	○ reduce	동 줄이다
○ lead to	~로 이어지다	○ break	명 휴식
○ deal with	~을 다루다	○ thought	명 생각
○ beat	동 이기다	○ fear	명 두려움
○ prepare	동 준비하다	○ increase	동 증가시키다

12 Culture

○ traditional	형 전통적인	○ protect	동 보호하다
○ mark	동 나타내다	○ village	명 마을
○ warrior	명 전사	○ successful	형 성공한
○ leap	동 뛰다, 뛰어오르다	○ complete	동 완료하다, 끝마치다
○ be ready to-v	~할 준비가 되다	○ catch the attention of	~의 주목을 끌다

A 그림에 해당하는 단어를 골라 쓰시오.

| risky | audience | similar | octopus | fin | complete |

1 _____

2 _____

3 _____

4 _____

5 _____

6 _____

B 빈칸에 알맞은 단어를 골라 쓰시오.

| scene | dress up | deep | fear | traditional | protects |

1 This _____ in *Charlotte's Web* is so sad.

2 The mother cat _____ her babies.

3 The river is _____ and wide.

4 Many children have a _____ of spiders.

5 On New Year's Day, they eat _____ snacks.

6 Will you _____ for Halloween this year?

09 Jobs

Q 영화의 액션 장면은 어떻게 찍을까요?

Action scenes make films more exciting. In these scenes, characters do dangerous *stunts. Most actors cannot perform stunts. They are simply too risky. So other people perform the stunts.

Actors often have stunt doubles. Stunt doubles dress up like the actors. _____, Brie Larson had two stunt doubles in *Captain Marvel*. Both women looked very similar to Larson. Thus, the audience thought Larson did the stunts.

Stunt doubles do not have any lines in films. Instead, they appear in fight scenes, car chases, and falls. Stunts are dangerous, so stunt doubles must be good at what they do. Thanks to them, the actors can stay safe, and people can enjoy exciting movies.

*stunt 스턴트, 고난이도 연기

1 글의 주제로 가장 알맞은 것은?

① action movies

② *Captain Marvel*

③ what stunt doubles do

④ how to become a stunt double

⑤ the best action scenes in movies

2 글의 내용과 일치하면 T, 그렇지 않으면 F를 쓰시오.

(1) *Captain Marvel*에서 Brie Larson은 스턴트를 연기했다. _____

(2) 스턴트 대역 배우들은 대사가 없다. _____

3 글의 빈칸에 들어갈 말로 가장 알맞은 것은?

① Likewise　　　　　　② However

③ Therefore　　　　　　④ In addition

⑤ For example

서술형

4 밑줄 친 risky과 바꿔 쓸 수 있는 단어를 글에서 찾아 쓰시오.

_____

Word Check

다음 영영 뜻풀이에 해당하는 단어를 글에서 찾아 쓰시오.

1 _____ almost the same

2 _____ a person in a book, film, play, etc.

3 _____ the words an actor speaks in a film, play, etc.

10 Animals

Q 독특한 바다 생물을 알고 있나요?

The dumbo octopus is the cutest octopus in the world. It was named after Disney's famous elephant, Dumbo, because of its earlike fins. It swims by flapping these fins.

(a) Dumbo octopuses are small in size. (b) They are usually only 20 to 30 centimeters long. (c) However, one dumbo octopus grew to be 1.8 meters long. (d) On average, they live for 3 to 5 years. (e) Most octopuses stay on the ocean floor.

Dumbo octopuses live in the deep sea. They swim at depths of 400 to 4,800 meters. There, they hunt snails, worms, and other creatures. Unlike most octopuses, dumbo octopuses do not shoot ink. The reason is that there are not many *predators where they live.

*predator 포식자

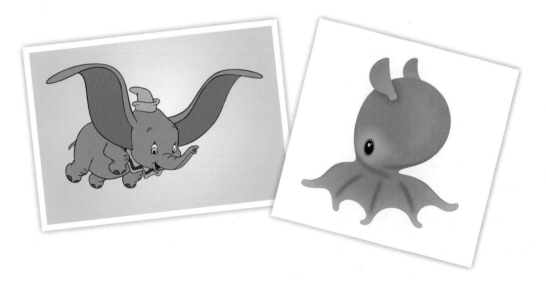

1 글의 주제로 가장 알맞은 것은?

① Disney characters

② types of octopuses

③ the cutest sea animals

④ creatures from the deep sea

⑤ an octopus that looks like Dumbo

2 글의 (a) ~ (e) 중, 전체 흐름과 관계 없는 문장은?

① (a)　　　② (b)　　　③ (c)　　　④ (d)　　　⑤ (e)

3 덤보 문어에 관한 글의 내용과 일치하지 않는 것은?

① 지느러미로 헤엄친다.

② 크기는 작은 편이다.

③ 수명은 3년에서 5년이다.

④ 깊은 바다에서 산다.

⑤ 적이 나타나면 먹물을 뿜는다.

서술형

4 글의 내용과 일치하도록 다음 질문에 답하시오.

Q How did the dumbo octopus get its name?

A Its _____ look like the _____ of Dumbo, the elephant.

Word Check

다음 영영 뜻풀이에 해당하는 단어를 글에서 찾아 쓰시오.

1 _____ to move up and down quickly

2 _____ to catch and eat other animals

3 _____ a thin, flat body part that a fish use to swim

11 Teens

Q 시험 기간 동안 스트레스에 어떻게 대처하나요?

Some people get nervous before tests. Test stress can motivate students. But too much stress can be unhelpful and lead to poor performance. Fortunately, there are some ways to deal with test stress.

The best way to beat test stress is to start preparing early. This will give you enough time to study. You will not feel rushed or *anxious about your lack of study time.

Next, take regular breaks and eat a balanced diet. Exercise is a good way to reduce stress. Make time for exercise during your study breaks. After, you will feel more refreshed.

Lastly, block negative thoughts. Focusing on your fears can increase your stress levels. _____, believe in yourself and focus on doing your best.

*anxious 불안해하는

1 글의 주제로 가장 알맞은 것은?

① 운동의 중요성
② 스트레스의 원인
③ 시험 스트레스 증상들
④ 시험 스트레스 줄이는 법
⑤ 스트레스가 건강에 미치는 영향

2 글의 내용과 일치하면 T, 그렇지 않으면 F를 쓰시오.

(1) 시험 스트레스가 항상 나쁜 것만은 아니다. _____

(2) 시험 기간에 하는 운동은 스트레스를 증가시킨다. _____

서술형

3 글의 밑줄 친 <u>This</u>가 의미하는 내용을 우리말로 쓰시오.

_____

4 글의 빈칸에 들어갈 말로 가장 알맞은 것은?

① Instead   ② Similarly
③ Therefore   ④ In addition
⑤ For example

Word Check

다음 영영 뜻풀이에 해당하는 단어를 글에서 찾아 쓰시오.

1 _____ to encourage someone to do something

2 _____ the feeling you have when you are afraid or worried

3 _____ to make something smaller or less in size or amount

12 Culture

독특한 전통 문화를 알고 있나요?

Stone jumping is a traditional *ritual on the Indonesian island of Nias. From the age of 10, Nias boys learn to jump over stone towers. The towers are often 2 meters tall.

(①) The ritual marks the start of **adulthood. (②) On the day of the ritual, Nias boys dress like warriors and leap over the towers. (③) It also shows that they are ready to protect their village. (④) If they are successful, they are welcomed by the villagers. (⑤)

Today, many Nias boys complete the ritual. However, stone jumping has caught the attention of many tourists, too. Now, there is a team of young men. They perform the stone jump for tourists.

*ritual 의식   **adulthood 성년기

Word Check

다음 영영 뜻풀이에 해당하는 단어를 글에서 찾아 쓰시오.

1 _____ to finish something

2 _____ a solider or fighter, especially in the past

3 _____ following a custom of the past

1 글의 주제로 가장 알맞은 것은?

① 독특한 성인식   ② 니아스 섬의 역사

③ 세계 각국의 성인식   ④ 인도네시아의 관광지

⑤ 니아스 소년들의 용맹함

2 다음 문장이 들어갈 위치로 가장 알맞은 곳은?

> This shows that they are ready to become men.

①   ②   ③   ④   ⑤

3 스톤 점핑에 관한 글의 내용과 일치하지 <u>않는</u> 것은?

① 인도네시아 니아스 섬에서 볼 수 있다.

② 10세부터 시작한다.

③ 돌탑의 높이는 2미터 정도이다.

④ 돌탑을 뛰어넘으면 전사로 인정받는다.

⑤ 오늘날은 관광객들을 위해서만 행해진다.

SUMMARY

4 주어진 단어를 이용해 빈칸을 완성하시오.

> There is a ritual called stone jumping in Indonesia. Nias boys learn to jump over _____ from the age of 10. Successfully completing the ritual marks the start of _____. This means the boys are ready to _____ their village. Today, _____ are interested in stone jumping. Some Nias men perform the stone jump for tourists.

tourists   adulthood   stone towers   protect

강과 바다에 사는 희귀한 동물들 `p.38`

아마존강돌고래

배 부위가 분홍빛을 띄고 있어 '분홍돌고래'라고도 하며 현지에서는 '보토(Boto)'라고 불린다. 아마존 지역에만 살고 있으며 강에 사는 강돌고래 중 가장 크다. 세계 5대 희귀동물 중 하나이다.

아홀로틀

'우파루파', '멕시코도롱뇽'이라고도 하며 뿔처럼 보이는 6개의 겉아가미와 미소를 머금은 듯한 표정이 특징이다. 아홀로틀은 '물속에서 논다'는 뜻인데 물속과 물 밖을 오가는 다른 도롱뇽과는 달리 평생을 물 속에서 지낸다.

듀공

인도양과 홍해, 남태평양의 따뜻한 바다에 서식하며 바다에 사는 포유동물이다. 몸 길이는 3m에 이르지만 겁이 많고 온순하다. 초식동물로 바다 밑바닥에 자라는 해초를 먹고 살며 초승달 모양의 꼬리와 유유히 헤엄치는 모습 때문에 '바다의 인어'라는 별명이 있다.

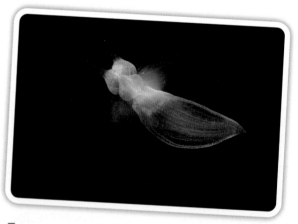

클리오네

껍질이 없는 조개의 일종이며 내장 기관을 제외한 몸 색이 투명하다. 바다 속을 귀엽게 날아다니는 것 같아서 '바다의 천사'라고 불리지만, 먹이를 발견하면 머리가 열리면서 튀어나온 촉수로 먹이를 잡아먹는 모습 때문에 '바다의 악마'라고도 불린다.

UNIT
04

13 People
소에게 친절하세요

14 Health
우리 몸을 지키는 군대, 면역 체계

15 Origins
우산은 언제부터 썼을까?

16 Environment
벽이 있지만 벽이 없다?

Words & Phrases 중요 단어/숙어 미리 보기

13 People

○ sensitive	형 민감한
○ private school	명 사립 학교
○ university	명 대학
○ treat	동 대하다, 다루다
○ found	동 설립하다

○ welfare	명 복지
○ livestock	명 가축
○ respect	명 존중
○ speech	명 연설
○ give up	포기하다

14 Health

○ germ	명 세균
○ invade	동 침입하다
○ be made up of	~로 구성되다
○ get rid of	~을 없애다
○ past	형 과거의

○ enter	동 들어가다
○ develop	동 개발하다
○ certain	형 어떤
○ disease	명 질병
○ catch	동 잡다; *(병에) 걸리다

15 Origins

○ invention	명 발명품
○ date back to	~까지 거슬러 올라가다
○ ancient	형 고대의
○ parasol	명 양산, 파라솔
○ royal	형 왕의

○ nobility	명 귀족
○ view	동 ~라고 여기다
○ accessory	명 액세서리, 장신구
○ common	형 흔한
○ sight	명 시력; *광경, 모습

16 Environment

○ pollution	명 오염
○ global	형 세계적인
○ bubble	형 거품
○ barrier	명 장벽
○ tube	명 관, 튜브

○ surface	명 표면, 지면, 수면
○ float	동 뜨다
○ remove	동 치우다, 제거하다
○ piece	명 조각
○ look for	찾다

A 그림에 해당하는 단어를 골라 쓰시오.

livestock	ancient	pollution	bubble	tube	piece

1 _____

2 _____

3 _____

4 _____

5 _____

6 _____

B 빈칸에 알맞은 단어를 골라 쓰시오.

sensitive	university	respect	enter	common	floats

1 Wood _____ on water.

2 This lotion is good for _____ skin.

3 Black and brown are _____ colors for shoes.

4 My aunt is a doctor and a(n) _____ professor.

5 They should treat each other with more _____.

6 Please knock on the door before you _____.

13 People

Temple Grandin was born in Boston in 1947. As a child, she was sensitive to touch and sound. Later, her parents learned she was *autistic. As a result, they sent her to a private school.

Temple had a hard time at school. (①) She did not think in words. Instead, she thought in pictures. (②) So she had trouble studying. (③) She worked hard and went to a university. (④) There, she studied animal science. (⑤)

Temple hated the way people treated animals. She founded an animal welfare company. Her company taught people how to treat livestock with respect. Temple also gave many speeches about **autism. She wanted better treatment for autistic people, too.

*autistic 자폐증의   **autism 자폐증

1 글의 주제로 가장 알맞은 것은?

① 자폐증의 원인
② 동물 복지의 필요성
③ 동물학자가 하는 일
④ Temple Grandin의 어린 시절
⑤ 자폐를 이겨낸 Temple Grandin의 삶

2 다음 문장이 들어갈 위치로 가장 알맞은 곳은?

> But Temple did not give up.

①　　　　　②　　　　　③　　　　　④　　　　　⑤

3 글을 통해 Temple Grandin에 관해 알 수 있는 내용이 <u>아닌</u> 것은?

① 자폐증을 앓았다.
② 학업 성적이 뛰어났다.
③ 언어가 아닌 그림으로 사고했다.
④ 대학에서 축산학을 공부했다.
⑤ 동물의 복지 향상을 위해 노력했다.

서술형

4 글의 내용과 일치하도록 다음 질문에 답하시오.

Q What did Temple Grandin do for autistic people?

A She gave many ＿＿＿＿＿＿＿＿ about ＿＿＿＿＿＿＿＿.

Word Check

다음 영영 뜻풀이에 해당하는 단어를 글에서 찾아 쓰시오.

1 ＿＿＿＿＿＿＿＿ animals such as cows or sheep that are kept on a farm

2 ＿＿＿＿＿＿＿＿ to start an organization, a company, or a school

3 ＿＿＿＿＿＿＿＿ reacting quickly and strongly to something

14 Health

Q 우리 몸에 세균이 들어오면 어떻게 될까요?

What happens when germs invade your body? You get sick. Do not worry, though. Your *immune system helps you get better.

The immune system is made up of many parts. These parts work together to protect you. When germs invade your body, the immune system finds them. ⓐ It tells your body to get rid of these germs. Special cells hunt and kill the germs. Then, you start to feel better.

The immune system also remembers past invaders. If the same germs enter your body again, the immune system fights ⓑ them more easily. That is how people develop **immunity to certain diseases. _____, most people do not catch ***chickenpox more than once.

*immune system 면역 체계 **immunity 면역력
***chickenpox 수두

1 글의 주제로 가장 알맞은 것은?

① parts of the body

② how germs spread

③ tips for staying healthy

④ how the immune system works

⑤ foods to improve your immune system

2 면역 체계에 관한 글의 내용과 일치하면 T, 그렇지 않으면 F를 쓰시오.

(1) 우리 몸에 침입하는 세균을 없앤다. _____

(2) 과거에 침입했던 세균을 기억한다. _____

3 글의 빈칸에 들어갈 말로 가장 알맞은 것은?

① Instead   ② Similarly

③ However   ④ In addition

⑤ For example

서술형

4 글의 밑줄 친 ⓐ와 ⓑ가 가리키는 것을 찾아 쓰시오.

ⓐ _____   ⓑ _____

Word Check

다음 영영 뜻풀이에 해당하는 단어를 글에서 찾아 쓰시오.

1 _____ an illness

2 _____ to destroy; to kill

3 _____ to go into a place in large numbers

15 Origins

Q 우산은 언제부터 쓰여졌을까요?

On rainy days, people use umbrellas. You might think the umbrella is a new invention. But it actually dates back to ancient times.

The ancient Egyptians used umbrellas. But they did not use them on rainy days. Instead, umbrellas kept people cool on hot, sunny days. Today, we call these umbrellas parasols.

Ancient Chinese people learned how to *waterproof their umbrellas. They put wax on their umbrellas to stay dry on rainy days. Members of the royal family and the nobility used these umbrellas.

The ancient Greeks and Romans had umbrellas, too. They viewed umbrellas as accessories for women. In the 1700s, this changed. Men started carrying umbrellas. Today, umbrellas are common sights everywhere when it is raining.

*waterproof 방수 처리를 하다

Word Check

다음 영영 뜻풀이에 해당하는 단어를 글에서 찾아 쓰시오.

1 _____ happening often
2 _____ connected to the king, queen, and their family
3 _____ something created for the first time

1 글의 주제로 가장 알맞은 것은?

① 우산의 종류

② 고대의 우산들

③ 고대인들의 지혜

④ 우산과 양산의 차이

⑤ 고대 이집트의 발명품

2 우산에 관한 글의 내용과 일치하면 T, 그렇지 않으면 F를 쓰시오.

(1) In ancient Egypt, people used umbrellas to stay cool. _____

(2) In ancient Greece and Rome, only men carried umbrellas. _____

3 글의 밑줄 친 these umbrellas가 의미하는 것으로 가장 알맞은 것은?

① 양산

② 비싼 우산

③ 화려한 우산

④ 방수 처리를 한 우산

⑤ 장신구용 우산

4 다음 빈칸에 알맞은 단어를 글에서 찾아 쓰시오.

The ancient Egyptians	used umbrellas on _____, _____ days to stay _____
The Chinese	put _____ on their umbrellas and used them on _____ days
The ancient Greeks and Romans	viewed umbrellas as _____ for _____

16 Environment

Q 바다로 흘러가는 쓰레기를 어떻게 막을 수 있을까요?

Plastic pollution is a global problem. In Amsterdam, plastic often gets into the *canals. Then, it travels into the North Sea. Amsterdam needed a way to catch the plastic.

In 2019, the city made the Bubble Barrier. It is a tube that sends bubbles up to each canal's surface. (A) It makes the plastic float up. (B) This creates a **current in the water. (C) Then, people collect and remove it.

The Bubble Barrier catches plastic but allows fish and boats to pass. It also helps fish because the bubbles add oxygen to the water.

There is only one problem. The Bubble Barrier can only catch pieces larger than 2 cm. Amsterdam is still looking for a way to catch smaller pieces.

*canal 운하 **current (물의) 흐름, 해류

1 글의 제목으로 가장 알맞은 것은?

① Plastic Pollution
② Canals in Amsterdam
③ Visiting European Cities
④ Tips for Living with Less Plastic
⑤ A Smart Solution to Plastic Pollution

2 (A) ~ (C)를 글의 흐름에 알맞게 배열한 것은?

① (A) – (B) – (C)
② (A) – (C) – (B)
③ (B) – (A) – (C)
④ (B) – (C) – (A)
⑤ (C) – (A) – (B)

3 글에서 Bubble Barrier의 장점으로 언급된 <u>2가지</u>는?

① 비용이 들지 않는다.
② 설치가 간편하다.
③ 물고기나 배의 이동을 막지 않는다.
④ 물고기에게 산소를 공급한다.
⑤ 거의 모든 플라스틱을 걸러낸다.

서술형
4 글의 밑줄 친 one problem이 의미하는 내용을 우리말로 쓰시오.

_____

Word Check

다음 영영 뜻풀이에 해당하는 단어를 글에서 찾아 쓰시오.

1 _____ a part of something
2 _____ a long object with a hole from one to the other
3 _____ the top layer of water or land

병원균을 물리치는 백혈구 p.50

우리 몸 속 혈액 세포는 적혈구, 백혈구, 혈소판으로 이루어져 있다. 이 중 혈액에 세균이나 바이러스가 침입하면 백혈구가 이들을 막는다. 백혈구는 식세포 작용으로 세균을 삼켜서 분해하거나, 한번 침입한 세균에 대해 대항하는 항체를 만들어내어 같은 병에 다시 걸리지 않도록 한다. 아플 때 몸에서 열이 나거나 우리 몸에 상처가 났을 때 그 부위가 부어 오르고 고름이 나는 것은 바로 백혈구가 병균과 싸운 흔적들이라고 할 수 있다.

UNIT
05

Words & Phrases 중요 단어/숙어 미리 보기

17 Places

○ be famous for	~로 유명하다	○ stack	통 쌓다
○ nickname	명 별명	○ thick	형 두꺼운
○ adorable	형 귀여운, 사랑스러운	○ unique	형 독특한
○ hut	명 오두막	○ souvenir	명 기념품
○ traditionally	부 전통적으로	○ rent	통 빌리다

18 Space

○ photograph	명 사진 (= photo)	○ pay off	성과를 거두다, 결실을 맺다
○ telescope	명 망원경	○ capture	통 잡다; *포착하다, 담다
○ design	명 디자인, 설계	○ blurry	형 흐릿한
○ far away	멀리 떨어진	○ spot	명 점
○ huge	형 거대한	○ prove	통 증명하다

19 Food

○ merchant	명 상인	○ be known for	~로 알려져 있다
○ be sentenced to death	사형 선고를 받다	○ aroma	명 향기
		○ perfume	명 향수
○ spice	명 향신료	○ dye	명 염료, 염색제
○ fake	형 가짜의	○ mood	명 기분
○ worth	형 ~의 가치가 있는		

20 Technology

○ turn up	(소리·온도를) 높이다	○ leak	명 누수, 새는 곳
○ cozy	형 아늑한	○ warn	통 경고하다
○ connect	통 연결하다	○ danger	명 위험
○ object	명 물건	○ prevent	통 예방하다
○ detect	통 감지하다	○ accident	명 사고

A 그림에 해당하는 단어를 골라 쓰시오.

stack	souvenir	blurry	spot	connect	leak

1 _____

2 _____

3 _____

4 _____

5 _____

6 _____

B 빈칸에 알 맞은 단어를 골라 쓰시오.

nicknames	unique	photograph	worth	mood	turn up

1 Can you _____ the heat? It's so cold.

2 She is always in a bad _____ after a test.

3 Diamonds are _____ a lot of money.

4 The singer's style is very cool and _____.

5 Some parents give _____ to their children.

6 They took a _____ of the tower.

17 Places

독특한 집이나
건축물을 알고 있
나요?

Have you ever been to a smurf village? Alberobello, Italy, is famous for its smurf village. The village got its nickname because of its adorable huts. The huts are called *trulli.

Trulli are small houses with **cone-shaped roofs. Traditionally, people built trulli by stacking stones. Although they do not look strong, trulli have very thick walls. These walls keep them cool in summer and warm in winter.

There are over a thousand of these unique huts in Alberobello. Today, they are houses, souvenir shops, and restaurants. Tourists can also rent huts and stay in them. They feel like they are staying in a real smurf hut.

*trulli 트룰리 (남부 이탈리아의 원추형 석조 건물, 단수형은 trullo)
**cone-shaped 원뿔 모양의

1 글의 주제로 가장 알맞은 것은?

① the history of Italy

② places to visit in Italy

③ favorite cartoon characters

④ the trulli of Alberobello, Italy

⑤ traditional houses around the world

2 글을 읽고 답할 수 <u>없는</u> 질문은?

① What is Alberobello's nickname?

② What are trulli?

③ How did people build trulli?

④ What are trulli used for today?

⑤ How much does it cost to stay in trulli?

3 오늘날 trulli에 관한 글의 내용과 일치하면 T, 그렇지 않으면 F를 쓰시오.

(1) 현재 약 1,000여 채가 남아있다. _____

(2) 오늘날에는 사람들이 거주하지 않는다. _____

서술형

4 다음 빈칸에 알맞은 단어를 글에서 찾아 쓰시오.

Trulli are cool in summer and warm in winter because they have

_____ _____.

Word Check

다음 영영 뜻풀이에 해당하는 단어를 글에서 찾아 쓰시오.

1 _____ very cute and attractive

2 _____ special; unlike other things

3 _____ to arrange things in a pile

18 Space

블랙홀은 어떤
모습일까요?

How do we know black holes are real? In the past, there were no photographs of them. It was simply too difficult to take any. What changed?

The Event Horizon Telescope took the first images of a black hole. (①) Hundreds of scientists worked on the design for more than 10 years. (②) The black hole they chose is very far away from Earth. (③) They needed a huge, powerful telescope. (④) The scientists used eight *radio telescopes around the world. (⑤)

In April 2017, the team's hard work paid off. The telescope captured many images. The photos show a circle of blurry light around a dark spot. That spot proves that black holes are

_____.

*radio telescope 전파 망원경

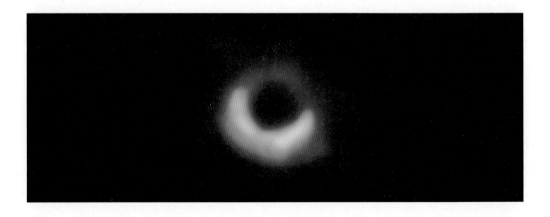

1 글의 제목으로 가장 알맞은 것은?

① A Space Trip

② Great Scientists

③ Huge Telescopes

④ What Black Holes Are

⑤ Photographing a Black Hole

2 다음 문장이 들어갈 위치로 가장 알맞은 곳은?

> Building the telescope was not easy.

①   ②   ③   ④   ⑤

3 글에서 밑줄 친 The Event Horizon Telescope에 관해 언급되지 <u>않은</u> 것은?

① 참여한 과학자 수

② 설계에 소요된 기간

③ 사용된 전파 망원경의 수

④ 최초로 블랙홀을 관측한 시기

⑤ 최초로 관측한 블랙홀의 이름

서술형

4 글의 빈칸에 알맞은 단어를 글에서 찾아 쓰시오.

_____

Word Check

다음 영영 뜻풀이에 해당하는 단어를 글에서 찾아 쓰시오.

1 _____ an image taken with a camera

2 _____ not clear; difficult to see

3 _____ to show something is true

19 Food

사프란을 알고 있나요?

In 1444, a German merchant was sentenced to death. Why? He mixed ⓐ the most expensive spice in the world with cheaper powders. Then, he tried to sell the fake spice. What did he say ⓑ it was? Saffron!

ⓒ Saffron is still the world's most expensive spice. In fact, saffron is worth more than gold. Saffron comes from the *threads of the crocus flower. Each flower produces just three threads. So it takes over 150,000 flowers to make 1 kg of saffron!

Saffron is known for its unique flavor, color, and aroma. People use ⓓ it to make perfumes, dyes, and medicines. Chefs add ⓔ it to dishes like **paella to create flavors and colors. People also drink saffron tea to improve their moods.

*thread (꽃의) 암술대 **paella 파에야 (쌀, 고기, 해산물 등을 넣은 스페인 요리)

Word Check

다음 영영 뜻풀이에 해당하는 단어를 글에서 찾아 쓰시오.

1 _____ the scent or smell of something

2 _____ a person's state of mind or emotion

3 _____ not real; a copy of something

1 글의 밑줄 친 ⓐ ~ ⓔ 중, 가리키는 대상이 나머지 넷과 <u>다른</u> 것은?

① ⓐ   ② ⓑ   ③ ⓒ   ④ ⓓ   ⑤ ⓔ

2 사프란에 관한 글의 내용과 일치하면 T, 그렇지 않으면 F를 쓰시오

(1) 과거에는 값이 싼 향신료였다.   _____

(2) 향수, 염료, 약, 요리 등 쓰임이 다양하다.   _____

3 글에서 사프란이 비싼 이유로 언급된 것은?

① 꽃이 잘 피지 않기 때문에
② 효능이 매우 뛰어나기 때문에
③ 생산 과정이 오래 걸리기 때문에
④ 판매하는 곳이 별로 없기 때문에
⑤ 꽃의 일부에서만 추출되기 때문에

SUMMARY

4 주어진 단어를 이용해 빈칸을 완성하시오.

In 1444, a German merchant mixed saffron with _____ powders. He was sentenced to death for trying to sell it. This is because saffron is the most _____ spice in the world. It is even more valuable than _____. Saffron comes from the crocus flower. It is used to make perfumes, dyes, and _____. It is also added to foods or made into tea.

expensive   gold   medicines   cheaper

Technology

119 words ★★★

사물 인터넷이란 무엇일까요?

Imagine you are going home with your family on a cold winter night. Your car sends a message to your home to tell it you are nearly there. Your home turns up the heat. When you arrive, the rooms are warm and cozy.

The Internet of Things (IoT) makes this situation possible. The IoT is a network that connects objects to one another. These objects have sensors that collect information. Then, they use Wi-Fi to send the information to people.

In the future, the IoT could be used for things outside the home, too. _____, sensors in forests could detect forest fires. Sensors in pipes could report leaks. This could warn people of danger and prevent many accidents.

1 글에서 사물 인터넷에 관해 언급되지 <u>않은</u> 것은?

① 사물 인터넷의 개념

② 사물 인터넷의 원리

③ 사물 인터넷의 예시

④ 사물 인터넷의 미래

⑤ 사물 인터넷의 문제점

2 사물 인터넷에 관한 글의 내용과 일치하면 T, 그렇지 않으면 F를 쓰시오.

(1) 사물들을 서로 연결하는 통신 기술이다.　　　　　＿＿＿＿＿＿

(2) 실내 환경에서만 쓰이는 기술이다.　　　　　＿＿＿＿＿＿

3 글의 빈칸에 들어갈 말로 가장 알맞은 것은?

① Instead　　　　　　② However

③ As a result　　　　　④ In addition

⑤ For example

4 다음 빈칸에 공통으로 들어갈 알맞은 말을 글에서 찾아 쓰시오.

- The bridge ＿＿＿＿＿＿＿ the two towns.
- This cable ＿＿＿＿＿＿＿ the printer to the PC.

Word Check

다음 영영 뜻풀이에 해당하는 단어를 글에서 찾아 쓰시오.

1 ＿＿＿＿＿＿ a thing that we can see or touch

2 ＿＿＿＿＿＿ comfortable; warm and relaxing

3 ＿＿＿＿＿＿ to find; to notice

보이지 않는 별, 블랙홀 p.62

블랙홀은 중력이 매우 강한 천체로 빛 조차도 빨아들여 우리 눈에 보이지 않는 천체를 가리킨다. 블랙홀은 중력에 의해 수축된 별이 막대한 질량은 그대로 보존한 채 크기만 줄어들어 엄청난 중력을 지닌 상태를 유지한다. 이 중력으로 인해 빠른 빛 조차 빨아들이고 내보내지 않아 우리 눈에는 검게 보이는 것이다. 그렇다면 보이지 않는 블랙홀을 어떻게 관측할 수 있을까? 블랙홀로 어떤 물질이 빨려 들어갈 때 강력한 마찰과 열이 발생하여 밝은 빛(X선)을 방출한다. 블랙홀의 사진은 이를 포착한 것으로 블랙홀의 그림자를 관측한 셈인 것이다.

UNIT
06

Words & Phrases 중요 단어/숙어 미리 보기

21 Food

○ once	튄 한 번; *한때	○ pill	명 알약
○ mushroom	명 버섯	○ cure	통 치유하다
○ be made with	~로 만들어지다	○ unfortunately	튄 불행히도
○ named	~라는 이름의	○ work	통 일하다; *효과가 있다
○ benefit	명 이익, 이점	○ taste	명 맛

22 Education

○ urgent	형 긴급한	○ life-sized	형 실제 크기의
○ quick	형 빠른, 신속한	○ scared	형 무서워하는
○ lecture	명 강의	○ distant	형 먼
○ dinosaur	명 공룡	○ replace	통 대신하다
○ put on	입다, 쓰다	○ subject	명 과목

23 Technology

○ aircraft	명 항공기	○ include	통 포함하다
○ pilot	명 조종사	○ above	전 ~보다 위에
○ military	명 군대	○ reason	명 이유
○ filmmaker	명 영화 제작자	○ setting	명 배경, 무대
○ shoot	통 촬영하다 (= film)	○ realistic	형 사실적인

24 Literature

○ fairy tale	명 동화	○ magic	명 마법
○ begin	통 시작하다	○ scarecrow	명 허수아비
○ tornado	명 회오리바람, 토네이도	○ tin	명 양철, 깡통
○ witch	명 마녀	○ eventually	튄 결국
○ monster	명 괴물	○ defeat	통 물리치다

A 그림에 해당하는 단어를 골라 쓰시오.

| pill | put on | replace | subject | aircraft | tornado |

1 _____

2 _____

3 _____

4 _____

5 _____

6 _____

B 빈칸에 알맞은 단어를 골라 쓰시오.

| mushrooms | taste | lecture | scared | military | eventually |

1 I do not like the _____ of peanut butter.

2 He was a soldier in the _____.

3 Many children are _____ of going to the dentist.

4 Some _____ can make you sick.

5 _____, we found the missing dog.

6 The teacher gave a(n) _____ on robots.

21 Food

118 words ★★☆

케첩은 언제부터 사용되었을까요?

Ketchup is loved all over the world. People eat it on many foods, such as hot dogs and French fries. However, ketchup was not always a sauce. In fact, it was once a(n) _____.

In the past, ketchup was made with fish, mushrooms, and other ingredients. In 1834, a doctor named John Cook Bennet added tomatoes. He did this because tomatoes have many health benefits. He later made his sauce into pills. He said that his pills could cure many diseases.

Unfortunately, they did not work. So people stopped using ketchup as a medicine. But they still liked the taste. They made their own tomato ketchup at home. Today, you can find ketchup at many stores and restaurants.

1 글의 주제로 가장 알맞은 것은?

① 케첩의 종류

② 토마토의 효능

③ 토마토 케첩의 유래

④ 토마토 케첩 만드는 법

⑤ John Cook Bennet의 생애

2 글의 내용과 일치하는 것은?

① Ketchup was made with fish.

② John Cook Bennet invented ketchup.

③ John Cook Bennet's pills cured many diseases.

④ People did not like the taste of tomato ketchup.

⑤ People still use ketchup as a medicine.

3 글의 밑줄 친 this가 의미하는 것은?

① 토마토를 재배한 것

② 매일 케첩을 먹은 것

③ 케첩을 알약으로 만든 것

④ 케첩에 토마토를 넣은 것

⑤ 케첩을 약국에서 판매한 것

서술형

4 글의 빈칸에 알맞은 말을 글에서 찾아 쓰시오.

_____

Word Check

다음 영영 뜻풀이에 해당하는 단어를 글에서 찾아 쓰시오.

1 _____ a small solid piece of medicine

2 _____ to be effective or successful

3 _____ to stop a disease; to make someone healthy again

22 Education

미래의 교실은
어떤 모습일까요?

Can you imagine studying in the future? Classrooms will be very different. Students will have their own computers. Have an urgent question? Type it into your computer and get a quick answer. Use the computer to take tests and watch lectures, too.

Students will also be able to use *virtual reality. Want to learn about the dinosaurs? Put on your VR headset. It will take you to the past. You can see life-sized dinosaurs walking around. But don't be scared. They are not real.

In the distant future, robots might replace teachers. These robots will teach many subjects. Don't want to go to school? You can get a robot teacher and study at home instead.

*virtual reality 가상 현실

Word Check

다음 영영 뜻풀이에 해당하는 단어를 글에서 찾아 쓰시오.

1 _____ needing to be dealt with very quickly

2 _____ to take the place of another person

3 _____ far away in place or time

1 글의 제목으로 가장 알맞은 것은?

① Virtual Reality
② Robot Teachers
③ Studying in the Future
④ The Importance of Education
⑤ The Problems with Technology

2 글의 밑줄 친 They가 가리키는 것은?

① students
② computers
③ VR headset
④ dinosaurs
⑤ robots

3 According to the passage, students will learn about the dinosaurs _____.

① by reading books
② by using the Internet
③ by going to a museum
④ by using virtual reality
⑤ by asking a robot teacher

SUMMARY

4 주어진 단어를 이용해 빈칸을 완성하시오.

Imagine the classrooms of the future. They will be very _____.
Students will have their own _____. They will use them to take
tests and watch lectures. They will also use _____ to learn
about the past. _____ might replace teachers, too. In the future,
you can study at home with a robot teacher.

| computers | virtual reality | different | robots |

23 Technology

드론으로 무엇을 할 수 있을까요?

A drone is a type of aircraft. Unlike other aircraft, drones are very small and do not have pilots. The military used drones first. But these days, filmmakers use drones as well.

In the past, filmmakers had trouble shooting scenes from the sky. These scenes were also expensive to film. Drones can now carry cameras. These cameras shoot scenes in places cameramen cannot go. These include the tops of mountains and above the clouds.

There a few other ways drones help filmmakers. Thanks to drones, films have larger settings. The settings look more realistic than *computer-generated settings. Drones can also film action scenes easily. These scenes make films more exciting.

*computer-generated 컴퓨터로 만들어진

1 글의 제목으로 가장 알맞은 것은?

① Movie Drones   ② Exciting Movies

③ Drones vs. Aircraft   ④ How to Make Movies

⑤ Drones in the Future

2 드론에 관한 글의 내용과 일치하면 T, 그렇지 않으면 F를 쓰시오.

(1) 처음에는 농업용으로 사용되었다.   _____

(2) 오늘날에는 영화 촬영을 위해 사용되기도 한다.   _____

3 글에서 드론 촬영의 장점으로 언급된 것을 <u>모두</u> 고르시오.

① 촬영이 힘든 장소에서 촬영할 수 있다.

② 휴대가 간편하다.

③ 더 넓고 사실적인 배경을 찍을 수 있다.

④ 초보자도 쉽게 촬영할 수 있다.

⑤ 액션 장면을 쉽게 찍을 수 있다.

서술형

4 글의 내용과 일치하도록 다음 질문에 답하시오.

Q How are drones different from aircraft?

A They are _____ and do not have _____.

Word Check

다음 영영 뜻풀이에 해당하는 단어를 글에서 찾아 쓰시오.

1 _____ to take a video

2 _____ a person who makes movies

3 _____ the location of a story

24 Literature

120 words ★☆☆

Q
〈오즈의 마법사〉를 읽어본 적이 있나요?

The Wonderful Wizard of Oz is a fairy tale by L. Frank Baum. The story begins in Kansas. The main character, Dorothy, lives with her aunt and uncle. One day, a tornado hits. It carries Dorothy's home to a fantasy land. This land is full of witches, monsters, and magic!

Dorothy wants to return home. She travels to the Emerald City to find a wizard to help her. On the way, she meets a scarecrow, a tin man, and a lion. They become her friends.

Eventually, Dorothy meets the wizard. He promises to send her home if she defeats the Wicked Witch. My favorite part of the book is when Dorothy kills the witch. I think Dorothy is very _____!

1 글의 종류로 가장 알맞은 것은?

① 소설   ② 광고   ③ 편지   ④ 일기   ⑤ 독후감

2 글을 읽고 답할 수 <u>없는</u> 질문은?

① Who wrote *The Wonderful Wizard of Oz*?
② Who is the main character of *The Wonderful Wizard of Oz*?
③ Why does Dorothy go to the Emerald City?
④ Who does Dorothy meet on the way to the Emerald City?
⑤ How does Dorothy kill the Wicked Witch?

3 글의 빈칸에 들어갈 말로 가장 알맞은 것은?

① kind   ② brave   ③ funny   ④ foolish   ⑤ honest

서술형

4 글의 내용과 일치하도록 다음 질문에 답하시오.

Q What does the wizard promise Dorothy?

A He promises to send her _____ if she defeats

_____.

Word Check

다음 영영 뜻풀이에 해당하는 단어를 글에서 찾아 쓰시오.

1 _____ a children's story with magic
2 _____ to beat; to win against
3 _____ a figure made of hay that scares away birds

가상현실과 증강현실 `p.74`

가상현실

가상현실(Virtual Reality)은 컴퓨터로 가상의 공간을 만들어 실제로 존재하지 않는 공간을 체험하거나 특정 장소에 직접 가지 않고도 그 공간을 체험하게 해주는 기술이다. 현실 세계에서 경험하기 힘든 여러 가지 상황을 시각, 청각, 촉각을 비롯한 오감 작용으로 현실에 가깝게 간접 경험할 수 있기 때문에 게임, 교육, 국방, 의료 등 여러 산업 분야에서 활용된다.

증강현실

증강현실(Augmented Reality)은 현실 세계에 가상의 이미지를 함께 보여주는 기술이다. SF 영화에서 안경을 쓰고 무언가를 바라보면 바라보는 대상 위에 정보가 보이는 것도 증강현실의 예시로 들 수 있다. 가상현실이 100% 가상의 공간으로 들어가는 것이라면 증강현실은 사용자가 눈으로 보는 현실 세계에 가상의 이미지를 겹쳐 보여주는 것이므로 현실감이 더 뛰어나고 편리하다.

UNIT

25 Animals

○ awake	형 깨어 있는	○ blend in	(주위 환경에) 섞이다
○ avoid	동 피하다	○ rarely	부 좀처럼 ~하지 않는
○ sense	동 감지하다	○ aggressive	형 공격적인
○ fur	명 털	○ fight back	반격하다
○ tiny	형 아주 작은	○ chase away	쫓아내다

26 Places

○ deliver	동 배달하다	○ sleigh	명 썰매
○ present	명 선물	○ reindeer	명 순록
○ spend	동 쓰다; *(시간을) 보내다	○ those who	~하는 사람들
○ cabin	명 오두막집	○ sort	동 분류하다
○ office	명 사무실	○ write back to	~에게 답장을 쓰다

27 Plants

○ tropical	형 열대의	○ nut	명 견과, 나무 열매
○ bakery	명 빵집, 제과점	○ product	명 제품
○ rich in	~이 풍부한	○ form	동 형성되다
○ fresh	형 신선한; *갓 구운	○ trunk	명 나무 줄기, 몸통
○ butter	명 버터	○ taste like	~ 같은 맛이 나다

28 Environment

○ climate change	명 기후 변화	○ support	동 부양하다
○ absorb	동 흡수하다	○ population	명 인구; *개체 수
○ whale	명 고래	○ million	명 100만
○ produce	동 생산하다	○ activist	명 운동가
○ oxygen	명 산소	○ agree	동 동의하다

A 그림에 해당하는 단어를 골라 쓰시오.

| tiny | sleigh | sort | tropical | nut | trunk |

1 _____

2 _____

3 _____

4 _____

5 _____

6 _____

B 빈칸에 알맞은 단어를 골라 쓰시오.

| rarely | delivers | reindeer | butter | whales | population |

1 He _____ milk every morning.

2 Put some _____ on your pancakes.

3 _____ live in the sea but are not fish.

4 My family _____ travels overseas.

5 Four _____ pulled the sleigh up the hill.

6 The city has a _____ of 2.2 million.

116 words ★★★

Q 세상에서 가장 느린 동물은 무엇일까요?

The *sloth is the slowest animal on the Earth. Sloths sleep for 15 to 20 hours a day. When they are awake, they can move only 2 meters per minute.

Sloths move slowly to avoid **predators. Many predators hunt by sensing movement. Predators cannot see sloths because they move so slowly. Sloths also grow ***algae on their fur. Algae is a tiny plant. It makes a sloth's fur turn green. That helps the sloth blend in with the forest.

Sloths rarely come down from the trees. They only leave the trees once a week to pee and poop. If they meet a predator there, they become aggressive. Surprisingly, they fight back. They chase the predator away.

* 나무 늘보 **predator 포식자 ***algae 조류

1 글의 주제로 가장 알맞은 것은?

① 나무늘보의 종류
② 나무늘보의 습성
③ 나무늘보의 수명
④ 나무늘보의 천적
⑤ 나무늘보의 먹이

2 나무늘보에 관한 글의 내용과 일치하지 <u>않는</u> 것은?

① 지구상에서 가장 느린 동물이다.
② 하루 15시간에서 20시간 정도 잔다.
③ 1분에 2미터 정도 이동한다.
④ 느려서 포식자의 눈에 잘 띈다.
⑤ 조류 때문에 털이 녹색을 띈다.

3 글에 따르면, 나무늘보가 나무에서 내려오는 이유는?

① 목욕을 하기 위해
② 새끼를 낳기 위해
③ 짝짓기를 하기 위해
④ 대소변을 보기 위해
⑤ 먹이를 사냥하기 위해

서술형
4 다음 빈칸에 알맞은 단어를 글에서 찾아 쓰시오

> Sloths become _____ when they meet a predator.

Word Check

다음 영영 뜻풀이에 해당하는 단어를 글에서 찾아 쓰시오.

1 _____ not asleep
2 _____ ready to attack
3 _____ to stay away from something

26 Places

Q 산타클로스를 만나 본 적이 있나요?

Many young children believe in Santa Claus. Every year on Christmas Eve, Santa travels around the world. He delivers presents to good children. Where does Santa spend the other 364 days?

In Rovaniemi, Finland, there is a Santa Claus Village. (A) In 2010, the Santa Claus Village opened. (B) Children visited his cabin all year round. (C) Santa opened his first office in 1985. Today, around 300,000 people visit the village each year. Visitors can meet Santa and take pictures with him. They can even ride on a sleigh with real reindeer.

Those who cannot travel to Finland can write letters instead. Children from nearly 200 different countries send letters to Santa. Santa's "*elves" sort the mail and write back to each child.

*elf 엘프, 요정

1 글의 제목으로 가장 알맞은 것은?

① Is Santa Claus Real?   ② Let's Write Letters to Santa!

③ The Best Christmas Presents   ④ A Santa Claus Village in Finland

⑤ How to Make Your Christmas Special

2 (A) ~ (C)를 글의 흐름에 알맞게 배열한 것은?

① (A) – (B) – (C)   ② (B) – (A) – (C)

③ (B) – (C) – (A)   ④ (C) – (A) – (B)

⑤ (C) – (B) – (A)

3 글을 읽고 답할 수 <u>없는</u> 질문은?

① Where is the Santa Claus Village?

② When was the Santa Claus Village opened?

③ What are some activities at the Santa Claus Village?

④ How many people visit the Santa Claus Village each year?

⑤ What is Santa Claus' address?

서술형
4 글의 내용과 일치하도록 다음 질문에 답하시오.

Q What do the "elves" do at the Santa Claus Village?

A They _____ the mail and _____ _____

to each child.

Word Check

다음 영영 뜻풀이에 해당하는 단어를 글에서 찾아 쓰시오.

1 _____ a small wooden house, usually in the forest

2 _____ to separate items into groups

3 _____ to bring a letter or a parcel to someone

27 Plants

Q 독특한 열매를 맺는 나무를 알고 있나요?

118 words ★☆☆

Can you imagine a tree that grows bread? In some tropical countries, there are breadfruit trees. ① <u>These trees</u> do not grow bakery breads,

of course. Instead, they grow large round fruits that are rich in *starch. The flavor is similar to fresh bread.

Like bread trees, butter trees do not grow real butter. ② <u>They</u> grow a special type of nut. People use these nuts to make **shea butter. Shea butter is great as a body cream. ③ <u>It</u> is also added to hair products. Some people even use ④ <u>it</u> as a cooking oil.

How about trying milk from a tree? In South America, there are milk trees. The milk forms in the tree trunk. ⑤ <u>It</u> tastes like cow's milk.

*starch 탄수화물   **shea butter 시어버터(시어 열매에서 추출하는 식물성 지방의 하나)

Word Check

다음 영영 뜻풀이에 해당하는 단어를 글에서 찾아 쓰시오.

1 _____ a fruit with a hard shell

2 _____ the main stem of a tree

3 _____ located in the tropics; close to the equator

1 글의 주제로 가장 알맞은 것은?

① interesting trees

② what trees give us

③ the uses of shea butter

④ trees in tropical countries

⑤ how to grow breadfruit trees

2 글에서 breadfruit tree에 관해 언급되지 <u>않은</u> 것은?

① 자라는 곳   ② 열매의 생김새

③ 영양소   ④ 열매의 맛

⑤ 요리법

3 글의 밑줄 친 ① ~ ⑤중 가리키는 것이 바르지 <u>않은</u> 것은?

① breadfruit trees   ② butter trees

③ body cream   ④ shea butter

⑤ The milk

SUMMARY

4 다음 빈칸에 알맞은 단어를 글에서 찾아 쓰시오.

Breadfruit trees	They grow fruits that are rich in _____.
Butter trees	People use the nuts from butter trees to make _____.
Milk trees	The milk forms in the tree _____.

Environment

Q

지구 온난화를 어떻게 막을 수 있을까요?

Most people think _____(A)_____ are the best way to fight climate change. Trees absorb CO_2 and produce oxygen. But trees are not the only way to help the Earth's climate. Surprisingly, _____(B)_____ can help, too.

Whales absorb more CO_2 than trees do. (①) In fact, one great whale can absorb about 33 tons of CO_2 during its life. (②) Whales also support *phytoplankton. (③) It makes more than 50 percent of the Earth's oxygen. (④) Additionally, it can absorb as much CO_2 as **1.7 trillion trees. (⑤)

Unfortunately, hunting has reduced whale populations. There are only about 1.3 million great whales left today. (C) <u>Most climate activists now agree it is important to save the whales.</u>

*phytoplankton 식물 플랑크톤　**1.7 trillion 1조 7천억 (trillion 1조)

1 글의 요지로 가장 알맞은 것은?

① 고래는 멸종 위기에 처해있다.

② 고래는 기후 변화를 유발한다.

③ 고래는 기후 변화를 막을 수 있다.

④ 기후 변화를 막기 위해 나무를 심어야 한다.

⑤ 기후 변화로 많은 동물들이 위험에 처해 있다.

서술형

2 글의 빈칸 (A), (B)에 들어갈 단어를 글에서 찾아 쓰시오.

(A) _____   (B) _____

3 다음 문장이 들어갈 위치로 가장 알맞은 곳은?

> Phytoplankton is a type of ocean plant.

①   ②   ③   ④   ⑤

4 글의 밑줄 친 (C)의 이유로 언급된 2가지는?

① Whales are intelligent.

② Whales can absorb CO_2.

③ Whales produce oxygen.

④ Whales eat phytoplankton.

⑤ Whales support phytoplankton.

Word Check

다음 영영 뜻풀이에 해당하는 단어를 글에서 찾아 쓰시오.

1 _____ to maintain; to help something exist

2 _____ to take in; to soak up

3 _____ the number of living people or animals

성 니콜라우스 ▶

산타클로스의 유래 `p.86`

산타클로스는 지금의 터키 지역인 소아시아의 주교였던 성 니콜라우스(St. Nicholas)에서 유래되었다. 그는 매우 유복한 가정에서 태어났지만 상속받은 재산을 가난한 사람들에게 나누어주고 남몰래 많은 선행을 베풀며 살았다. 그가 세상을 떠난 후에 그의 이야기는 유럽으로 전파되었고, 수녀들이 그의 선행을 기념해 그의 축일 하루 전날인 12월 5일에 아이들에게 선물을 주기 시작하면서 그 풍습은 유럽 전역으로 확산되었다. 성 니콜라우스의 네덜란드식 발음은 신테클라스(Sinterklaas)였는데 후에 신대륙으로 이주한 네덜란드인들이 그의 전통을 신대륙에 전파하면서 신테클라스의 영어식 발음인 산타클로스(Santa Claus)가 되었다고 한다.

UNIT
08

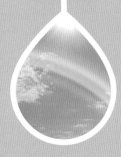

Words & Phrases 중요 단어/숙어 미리 보기

29 Culture

○ tooth	몡 이, 치아	○ Western	몡 서구의
○ painful	몡 아픈, 고통스러운	○ tradition	몡 전통
○ pillow	몡 베개	○ treat	몡 간식, 먹거리
○ take	동 가져가다	○ toss	동 던지다
○ leave	동 남기다, 두고 가다	○ smile	몡 미소

30 Teens

○ concentrate	동 집중하다	○ calendar	몡 달력, 일정표
○ forget	동 잊어버리다	○ at once	동시에, 한꺼번에
○ distraction	몡 집중을 방해하는 것	○ review	동 복습하다
○ quiet	몡 조용한	○ look over	훑어보다
○ assignment	몡 과제	○ material	몡 내용

31 Space

○ spread	동 퍼지다	○ impossible	몡 불가능한
○ astronaut	몡 우주 비행사	○ throw away	버리다
○ method	몡 방법	○ vacuum cleaner	몡 진공청소기
○ zero gravity	몡 무중력	○ wet wipe	몡 물티슈
○ flow	동 흐르다	○ harmful	몡 해로운

32 Nature

○ come out	(해 등이) 나오다	○ indigo	몡 남색
○ shine	동 빛나다	○ violet	몡 보라색
○ rainbow	몡 무지개	○ twice	붐 두 번
○ through	젠 ~을 통과해, ~ 사이로	○ upside down	몡 거꾸로 된
○ bend	동 구부러지다, 굴절되다	○ rare	몡 드문, 보기 힘든

A 그림에 해당하는 단어를 골라 쓰시오.

tooth	pillow	calendar	throw away	violet	upside down

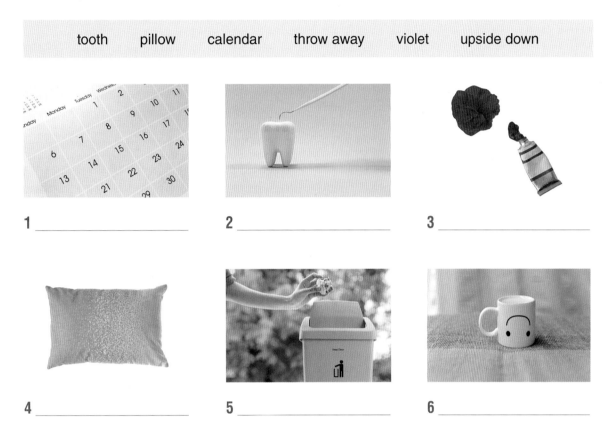

1 _____

2 _____

3 _____

4 _____

5 _____

6 _____

B 빈칸에 알맞은 단어를 골라 쓰시오.

leave	concentrate	review	flow	shine	rare

1 Don't _____ your backpack on the bus.

2 These rivers _____ down hills and mountains.

3 It's too noisy here. I can't _____ on my work.

4 Will you help me _____ before the test?

5 Warm days are _____ in the winter.

6 I'm sure the sun will _____ tomorrow.

29 Culture

어릴 적에 이가 빠지면 어떻게 했나요?

Losing a tooth can be painful. But for some children, it is exciting. They put their teeth under their pillows. At night, the *tooth fairy takes the tooth

and leaves some money behind. Do you believe that? Probably not. But many children in Western countries do.

Other countries have their own traditions. In Spain, the tooth fairy is a mouse. He collects teeth from under pillows and leaves money or treats. The same is true for many Spanish-speaking countries, such as Mexico, Peru, and Chile.

In Egypt, children do not put their teeth under their pillows. Instead, they toss the teeth up into the sky and hope the sun gives them new teeth. That way, they can have beautiful smiles.

*tooth fairy 이의 요정

Word Check

다음 영영 뜻풀이에 해당하는 단어를 글에서 찾아 쓰시오.

1 _____ to throw lightly
2 _____ a cushion used for the head
3 _____ a special food, usually candy or chocolate

1 글의 주제로 가장 알맞은 것은?

① tooth fairy의 기원
② 세계의 독특한 문화
③ 아픈 이를 치료하는 법
④ 이가 빠졌을 때 하는 풍습들
⑤ 치아를 건강하게 유지하는 법

2 tooth fairy에 관한 글의 내용과 일치하지 <u>않는</u> 것은?

① The tooth fairy comes at night.
② The tooth fairy takes teeth.
③ The tooth fairy gives new teeth.
④ The tooth fairy leaves some money.
⑤ In some countries, the tooth fairy is a mouse.

3 글에 따르면, 이집트에서 아이들이 이가 빠졌을 때 하는 행동은?

① 땅에 묻는다.　　　　　　　② 하늘에 던진다.
③ 상자에 보관한다.　　　　　④ 쓰레기통에 버린다
⑤ 베개 밑에 놓아둔다.

SUMMARY

4 주어진 단어를 이용해 빈칸을 완성하시오.

The tooth fairy is a fairy that gives children money in exchange for a
_____. Usually, children place their teeth under their
_____. At night, the fairy takes the tooth and replaces it with
_____. In Spain, the tooth fairy is a _____. In Egypt,
however, children throw their lost teeth up into the sky.

money　　　pillows　　　tooth　　　mouse

115 words ★★☆

Q

나쁜 공부 습관을
갖고 있나요?

Do you have trouble concentrating while studying? Do you often forget what you've learned? Here are a few study tips for you.

Firstly, remove distractions. Don't watch TV or answer the phone while studying. This will only make you lose focus. _____, study in a quiet place in your home. You can go to the library, too.

Secondly, make a schedule. Write your test and assignment dates on a calendar. You cannot learn everything at once. Make a list of topics to study each day. Add them to your calendar and then follow your schedule.

Lastly, review often. Look over your notes each day. If you review regularly, you will remember the material much better.

1 글의 주제로 가장 알맞은 것은?

① study distractions

② the best places to study

③ how to prepare for an exam

④ how to improve study habits

⑤ how to study difficult subjects

2 글의 목적으로 가장 알맞은 것은?

① to warn   ② to invite

③ to praise   ④ to advise

⑤ to advertise

3 글의 빈칸에 들어갈 말로 가장 알맞은 것은?

① In fact   ② Similarly

③ However   ④ As a result

⑤ For example

서술형

4 글의 밑줄 친 This가 의미하는 내용을 우리말로 쓰시오.

_____

Word Check

다음 영영 뜻풀이에 해당하는 단어를 글에서 찾아 쓰시오.

1 _____ not noisy

2 _____ at the same time

3 _____ something that prevents a person from focusing

31 Space

우주비행사들은
우주에서 어떻게
생활할까요?

Just like on the Earth, germs can spread in space. Astronauts must stay clean in space, too, but they use a few different methods.

(①) In zero gravity, water does not flow. (②) So it is almost impossible to take a shower in space. (③) After washing, they use towels to dry off. (④)

Astronauts change their clothes every 3 or 4 days. (⑤) There are no washing machines in space, though. They simply put their dirty clothes into plastic bags and throw them away.

Astronauts must keep their living spaces clean, too. To clean up, they use vacuum cleaners and wet wipes. They also spray *liquid detergent. It kills most harmful germs.

*liquid detergent 액체 세제 **no-rinse 헹굴 필요가 없는

1 글의 주제로 가장 알맞은 것은?

① living in space

② how to kill germs

③ why germs are bad

④ staying clean in space

⑤ how to become an astronaut

2 다음 문장이 들어갈 위치로 가장 알맞은 곳은?

> Astronauts use **no-rinse soap and shampoo instead.

①   ②   ③   ④   ⑤

3 글의 내용과 일치하면 T, 그렇지 않으면 F를 쓰시오.

(1) 우주 비행사들은 우주에서 옷을 갈아입지 않는다.   _____

(2) 우주 비행사들은 우주에서 빨래를 하지 않는다.   _____

서술형

4 글의 내용과 일치하도록 다음 질문에 답하시오.

Q What do astronauts use to keep their living spaces clean?

A They use _____, _____, and liquid

detergent that kills germs.

Word Check

다음 영영 뜻풀이에 해당하는 단어를 글에서 찾아 쓰시오.

1 _____ having a bad effect on something else

2 _____ a way of doing something, often with steps

3 _____ a machine that sucks up dirt

32 Nature

114 words ★★★

무지개를 본 적이 있나요?

Imagine a rainy summer day. When the rain stops, the sun comes out. Sunlight shines, and suddenly, a rainbow forms. It has several beautiful colors.

After it rains, there is a lot of water in the air. The sun shines through the water, and the light bends. This makes different colors. Sir Isaac Newton was the first to study all seven colors in a rainbow. The colors are red, orange, yellow, green, blue, indigo, and violet.

Sometimes light bends twice. As a result, a double rainbow forms. The upper rainbow is upside down. So instead of red, _____ is at the top. Double rainbows are rare, so take a photo if you see one.

1 글의 주제로 가장 알맞은 것은?

① 무지개의 색깔　　　　　　　② 무지개의 종류

③ 무지개 만드는 법　　　　　　④ Isaac Newton의 업적

⑤ 무지개가 생기는 원리

2 According to the passage, rainbows usually form _____.

① after it rains

② before it rains

③ when it snows

④ when the sun rises

⑤ when the weather is hot

3 글을 읽고 답할 수 <u>없는</u> 질문은?

① What makes a rainbow?

② What are the colors of a rainbow?

③ How long do rainbows stay in the sky?

④ Who first studied the colors of a rainbow?

⑤ Why are there double rainbows sometimes?

서술형

4 글의 빈칸에 알맞은 말을 글에서 찾아 쓰시오.

_____

Word Check

다음 영영 뜻풀이에 해당하는 단어를 글에서 찾아 쓰시오.

1 _____ not happening very often

2 _____ with the top at the bottom and the bottom at the top

3 _____ to become curved

독특한 무지개들 `p.102`

쌍무지개

햇빛이 빗방울 안에서 두 번 굴절, 반사되어 만들어지는 무지개이다. 쌍무지개 바깥쪽에 있는 무지개는 색의 배열 순서가 반대로 나타난다.

달무지개

햇빛에 의해 만들어지는 무지개와 달리 달빛에 의해 만들어지는 무지개이다. 달에서 반사되는 빛은 매우 약하기 때문에 뿌옇게 보이기도 하며 달빛이 강할수록 만들어지기 쉬우므로 주로 보름달 근처에서 관찰된다.

안개무지개

안개에 의해 생기는 무지개를 말한다. 안개무지개는 빗방울보다 작은 안개 알갱이에 의해 만들어지기 때문에 굴절이나 반사 각도의 차이가 적어 하얗게 보이며 '흰 무지개'라고도 불린다.

수평무지개

구름 속 육각형의 얼음에 태양빛이 통과하면서 나타나는 무지개이다. 매우 드물게 나타나는 무지개로 주로 네팔 같은 고지대에서 관측된다.

내신공략! 독해공략!

내공
중학영어독해

예비중
2

정답 및 해설

내신공략! 독해공략!

내공
중학영어독해

예비중
2

정답 및 해설

 DARAKWON

UNIT 01

Words & Phrases

<table>
<tr><td rowspan="2">정답</td><td>A</td><td>1 cliff</td><td>2 save</td><td>3 trail</td><td>4 lake</td><td>5 negative</td><td>6 medicine</td></tr>
<tr><td>B</td><td>1 cage</td><td>2 perfect</td><td>3 volunteers</td><td>4 overlooks</td><td>5 spend</td><td>6 tongue</td></tr>
</table>

문제 해석　A　1 절벽　2 저축하다　3 산책로, 길　4 호수　5 부정적인　6 약

　　　　　　B　1 그 원숭이들은 우리 안에 있다.

　　　　　　　　2 피크닉 하기에 완벽한 날씨이다.

　　　　　　　　3 Tom은 일주일에 한 번 양로원에서 자원봉사를 한다.

　　　　　　　　4 언덕 위의 그 교회에서는 도시가 내려다보인다.

　　　　　　　　5 너는 매달 얼마나 돈을 쓰니?

　　　　　　　　6 블루베리를 먹었더니 혀가 파란색으로 변했다.

01 Places

<table>
<tr><td rowspan="2">정답</td><td>1 ②</td><td>2 ③, ⑤</td><td>3 ⑤</td><td>4 troll's tongue</td></tr>
<tr><td>Word Check</td><td>1 return</td><td>2 overlook</td><td>3 creature</td></tr>
</table>

지문 해석　노르웨이의 트롤통가(Trolltunga)는 호수 위 약 700미터 상공에 매달린 암석 절벽이다. 그것은 트롤의 혀처럼 보이기 때문에 그 이름이 붙여졌다. 트롤은 거대한 몸과 못생긴 얼굴을 가진 동화 속 존재이다.

　　　　트롤통가는 세계에서 가장 유명한 하이킹 장소들 중 하나이다. 하이킹 여행자들은 보통 산책로까지 차를 몰고 가서 하루 종일 하이킹을 하며 보낸다. 평균적으로, 정상에 도착해서 돌아오는 데는 10시간에서 12시간이 걸린다.

　　　　정상에서 보이는 전망은 환상적이다. 그곳에서는 빙하, 절벽, 맑고 파란 호수, 그리고 푸른 숲이 내려다보인다. 많은 사람들이 트롤의 혀 끝에서 사진을 찍는다. 그러나 그들은 조심해야만 한다, 그렇지 않으면 그들은 떨어질지도 모른다.

문제 해설　1 노르웨이의 암석 절벽인 트롤통가를 소개하는 글이므로 ② '노르웨이의 암석 절벽'이 가장 알맞다.

　　　　　　　① 동화 속 존재들

　　　　　　　③ 노르웨이에서 할 것들

　　　　　　　④ 트롤통가는 어떻게 형성되었는가

　　　　　　　⑤ 세계 최고의 하이킹 장소들

　　　　　2 산책로까지 차로 가서 하이킹을 한다고 했고(2단락 2행), 많은 사람들이 트롤의 혀 끝에서 사진을 찍는다고 했다(3단락 2~3행).

　　　　　3 트롤통가 정상에서는 빙하, 절벽, 호수, 숲이 내려다보인다. (3단락 1~2행)

　　　　　4 트롤통가는 트롤의 혀처럼 보이기 때문에 그 이름이 붙여졌다고 했다. (1단락 2행)

　　　　　　　Q: 트롤통가는 무슨 뜻인가?

　　　　　　　A: 그것은 트롤의 혀를 의미한다.

구문 해설　01행　Norway's Trolltunga is **a rock cliff** [**that** hangs about 700 meters above a lake].

　　　　　　　• [ ]는 a rock cliff를 수식하는 주격 관계대명사절이다. 해석하면 '호수 위 약 700미터 상공에 매달린'의 의미이다.

04행 Trolltunga is **one of the most famous hiking places** in the world.
　• 〈one of the＋최상급＋복수명사〉는 '가장 ~한 …들 중 하나'의 의미이다.

05행 Hikers usually drive to the trail and **spend all day hiking**.
　• 〈spend＋시간＋-ing〉는 '~하면서 시간을 보내다'의 의미이다.

06행 On average, **it takes 10 to 12 hours to reach the top and to return**.
　• 〈it takes＋시간＋to-v〉는 '~하는 데 …의 시간이 걸리다'의 의미이다.

02 Health

p.014

정답	**1** ④　　**2** ③　　**3** ②　　**4** 자신을 받아들이는 것
	Word Check　　**1** negative　　**2** dislike　　**3** appreciate

지문 해석　당신의 몸을 바꾸고 싶은가? 어쩌면 당신은 키가 더 크거나, 더 마르거나, 더 잘생기고 싶어하는지도 모른다. 당신의 신체 일부를 싫어하는 것은 정상이다. 하지만, 당신 자신을 받아들이는 것 또한 중요하다. 어떻게 하면 이렇게 할 수 있을까?
　당신의 몸에 대해 부정적인 평을 하지 않도록 해라. 이러한 언급은 당신의 신체상을 해칠 수 있다. 누구도 완벽하지 않다는 것을 항상 기억해라. 당신은 친구들의 몸에 대해 부정적인 말을 하지 않을 것이다. 그러므로 당신의 몸에 대해서도 그러한 말을 하지 마라.
　당신이 외모에 대해 기분이 우울할 때는, 당신 자신에 대해 좋아하는 것들에 대해 생각해라. 당신은 보여지는 이상의 것이다. 춤을 추거나, 등산을 하거나, 스포츠를 하는 것 같이 당신이 할 수 있는 놀라운 것들의 가치를 인정해라.

문제 해설　**1**　자기 몸에 대한 부정적인 언급 대신 자신을 받아들이는 방법들에 관한 글이므로 ④ '긍정적인 신체상 갖기'가 가장 알맞다.
　　① 당신의 건강을 향상시키기
　　② 당신을 행복하게 만드는 것
　　③ 불행한 사람들의 습관
　　⑤ 당신이 불행할 때 해야 할 것

2　신체에 불만이 있는 사람들에게 자신을 있는 그대로 받아들이는 방법들에 관해 조언하는 글이다.

3　주어진 문장은 부정적인 언급이 신체상에 끼치는 부작용에 관한 내용이므로, 자신의 몸에 대해 부정적인 평을 하지 말라는 문장 뒤인 ②의 위치에 오는 것이 자연스럽다.

4　바로 앞 문장에 언급된 '자신을 받아들이는 것'을 의미한다.

구문 해설　**03행**　**It** is normal **to dislike parts of your body**.
　• it은 가주어, to dislike parts of your body가 진주어이다. to부정사구가 주어일 때 가주어 it을 쓸 수 있으며, 가주어 it은 따로 해석하지 않는다.

06행　**Try not to make** negative comments about your body.
　• 〈try not＋to-v〉는 '~하지 않도록 하다'의 의미이다.

08행　So do not say them about your body, **either**.
　• either는 부정문에서 '또한'의 의미이다. 긍정문에서는 too를 사용한다.

11행　You **are more than just** how you look.
　• be more than just는 '~ 이상의 것이다'의 의미이다.

03 Teens

p.016

정답

1 ①   2 ①, ②, ③   3 ④   4 ⓐ Volunteers ⓑ the elderly

Word Check 1 cage   2 volunteer   3 the elderly

지문 해석 지난 여름 방학에 나는 할 일이 없었다. 어느 날, 엄마가 "자원봉사를 하는 것은 어떠니?"라고 물어보셨다. 그것은 좋은 생각이었지만, 나는 어디서 자원봉사를 해야 할지 몰랐다.

나는 인터넷을 검색했다. 동물 보호소는 많은 도움이 필요했다. 자원봉사자들은 개들을 산책시키고 우리를 청소한다. 그들은 또한 소셜 미디어 게시글을 위해 동물들의 사진을 찍는다. 이것은 동물들이 입양되는 것을 돕는다.

요양원도 자원봉사자들이 필요했다. 거기서 자원봉사자들은 노인들과 함께 시간을 보낸다. 그들은 노인들께 이야기를 읽어드린다. 그들은 명절 파티 같은 재미있는 행사도 계획한다.

나는 야외에서 일하는 것을 매우 좋아해서 지역 공원에서 자원봉사를 하기로 했다. 나는 새로운 정원들을 만들 팀과 함께 일했다. 새로운 정원들은 매우 아름다웠다.

문제 해설

1 여름 방학에 했던 자원봉사 활동에 관한 글이므로 ① '자원 봉사 활동'이 가장 알맞다.
② 정원 가꾸기
③ 여름 방학 계획
④ 집안일 돕기
⑤ 동물 보호소에서 일하기

2 동물 보호소에서는 개들을 산책시키고, 우리를 청소하며, 소셜 미디어 게시글을 위해 동물들의 사진도 찍는다고 했다. (2단락 2~4행)

3 글쓴이는 야외에서 일하는 것을 매우 좋아해서 지역 공원에서 자원봉사를 하기로 했다. (4단락 1행)

4 문맥상 ⓐ는 앞 문장의 주어인 Volunteers를 가리키며, ⓑ는 앞 문장의 the elderly를 가리킨다.

구문 해설

01행 Last summer vacation, I had nothing **to do**.
• to do는 앞의 명사 nothing을 수식하는 형용사적 용법의 to부정사이다. 형용사적 용법의 to부정사는 '~할, ~하는' 으로 해석한다.

02행 That was a good idea, but I was not sure **where to volunteer**.
• 〈where+to-v〉는 '어디서 ~할지'의 의미이다.

06행 This **helps the animals get** adopted.
• 〈help+목적어+(to)동사원형〉은 '~가 …하는 것을 돕다'의 의미이다.

04 Money

p.018

정답

1 ①   2 ⑤   3 ④   4 save, unexpected, spend, happier

Word Check 1 present   2 valuable   3 cost

지문 해석 Alan:
당신은 매달 저축을 하나요? 당신은 가능한 한 많은 돈을 저축해야 합니다. 삶은 예상치 못한 사건들로 가득 차 있습니다. 당신은 휴대 전화나 컴퓨터를 망가뜨릴지도 모릅니다. 가족 중 한 명이 아파서 약을 필요로 할지도 모릅니다. 이 모든 것을 지불하는 것은 돈이 많이 듭니다. 하지만 돈을 저축했다면 그 비용에 대해 걱정할 필요가 없을 것입니다.

Beth:
만일의 경우를 위해 저축하는 것은 중요합니다. 하지만 돈을 쓰는 것 또한 당신의 삶을 더 행복하게 만들 수 있습니다. 예를 들어 당신은 가족과 함께 여행을 가거나 친구들과 함께 야구 경기에 갈 수 있습니다. 지금만큼 좋은 때는 없습니다. 추억을 만드는 것은 당신이 저축하는 돈보다 더 소중합니다.

문제 해설

1 저축이 필요하다고 주장하는 Alan과 돈을 써야 한다고 주장하는 Beth의 토론이므로 ① '저축하기 대 돈 쓰기'가 가장 알맞다.
② 저축의 이점
③ 아이들에게 용돈이 필요한가?
④ 당신이 돈으로 할 수 있는 일
⑤ 가족과 친구의 중요성

2 주어진 문장의 all these things은 돈을 지불해야 하는 일들을 가리키므로, 그러한 일들이 언급되는 내용 뒤인 ⑤의 위치에 오는 것이 자연스럽다.

3 빈칸 뒤에서 앞 문장, 즉 돈을 쓰는 것이 삶을 더 행복하게 만든다는 것의 예가 제시되고 있으므로 ④ '예를 들어'가 가장 알맞다.
① 마찬가지로   ② 그러나   ③ 게다가   ⑤ 다시 말해서

4

Alan	Beth
당신은 예상치 못한 일들이 일어날 수 있으므로 돈을 저축해야 한다.	당신은 자신의 삶을 더 행복하게 만들기 위해 돈을 써야 한다.

구문 해설

06행 However, if you **have money saved**, you *will not need to worry* about the cost.
· 〈have+목적어+과거분사〉는 '~이 …되게 하다'의 의미이다.
· 〈will not need to-v〉는 '~할 필요가 없을 것이다'의 의미이다.

09행 **It** is important **to save *for a rainy day***.
· It은 가주어, to save ~ day가 진주어이다.
· save for a rainy day는 '만일의 경우[어려울 때]를 위해 저축하다'의 의미이다.

09행 But **spending money** can also *make your life happier*.
· spending money는 주어로 쓰인 동명사구로 '돈을 쓰는 것'으로 해석한다.
· 〈make+목적어+형용사〉는 '~을 …하게 만들다'의 의미이다. 여기서는 형용사 자리에 happy의 비교급 happier가 쓰였다.

13행 **Making memories** is *more valuable than* the money [(that) you save].
· Making memories는 주어로 쓰인 동명사구로 '추억을 만드는 것'으로 해석한다.
· 〈비교급+than〉은 '~보다 더 …한'의 의미이다.
· [ ]는 the money를 수식하는 관계대명사절이다. 관계대명사절에는 목적격 관계대명사 that이 생략되어 있으며, 해석하면 '당신이 저축하는'이 된다.

Words & Phrases

정답						
	A	1 ocean	2 empty	3 improve	4 recyclable	5 sandcastle	6 prize
	B	1 Fatty	2 neighbor	3 trip over	4 cheer for	5 ingredient	6 practice

문제 해석　A　1 바다　2 빈　3 개선되다, 나아지다　4 재활용 가능한　5 모래성　6 상

　　　　　B　1 지방이 많은 식품은 맛이 좋지만 건강에는 좋지 않다.

　　　　　　2 Green 씨는 내 옆집에 사는 이웃이다.

　　　　　　3 나의 부모님은 항상 내 남동생의 장난감에 걸려 넘어지신다.

　　　　　　4 축구 경기에서 나는 가장 좋아하는 팀을 응원한다.

　　　　　　5 밀가루는 빵과 케이크의 재료이다.

　　　　　　6 우리는 춤 경연 대회 전에 많이 연습할 것이다.

05 People

정답	
	1 ② 　2 (1) T　(2) F 　3 ②, ③, ⑤ 　4 help save the oceans
	Word Check 　1 coworker 　2 neighbor 　3 appear

지문 해석　2012년에 세 살인 Ryan Hickman은 아버지와 함께 재활용 센터에 갔다. 그들은 캔 몇 개와 병 몇 개를 현금으로 바꿨다. 다음 날, Ryan은 부모님에게 빈 비닐봉지를 이웃들에게 주라고 부탁했다. 그는 그들의 재활용품을 수거하고 싶어 했다.

　　　　　이웃들은 Ryan을 위해 캔과 병을 모았다. 그들의 친구들과 동료들도 그렇게 했다. 곧 Ryan은 도시 사람들을 위해 재활용을 하기 시작했다. 오늘날 Ryan은 캔뿐만 아니라 플라스틱병과 유리병도 수거한다. 그와 그의 아버지는 그것들을 재활용 센터에 가지고 간다.

　　　　　Ryan의 이야기는 2016년에 입소문이 났다. 그는 많은 텔레비전 쇼와 라디오 쇼에 출연했다. Ryan의 목표는 바다를 구하는 것을 돕는 것이다. 그 덕분에, 많은 캔과 병들이 결국 그곳에 가지 않는다.

문제 해설　1 세 살부터 재활용을 실천해 온 소년 Ryan Hickman에 관한 글이므로 ② '재활용 소년'이 가장 알맞다.

　　　　　　① 재활용품들

　　　　　　③ 이웃 돕기

　　　　　　④ Ryan의 일과

　　　　　　⑤ 바다를 구하는 방법

　　　　　2 (1) Ryan은 이웃들 및 도시 곳곳의 사람들을 위해 재활용을 한다고 했다. (2단락 1~3행)

　　　　　　(2) Ryan과 아빠는 재활용품을 재활용 센터에 가지고 간다고 했다. (2단락 4행)

　　　　　3 Ryan은 플라스틱병과 유리병, 캔을 수거한다고 했다. (2단락 3~4행)

　　　　　　① 종이　　② 플라스틱병　　③ 유리병　　④ 비닐봉지　　⑤ 캔

　　　　　4 글 후반부에서 Ryan의 목표는 바다를 구하는 것을 돕는 것이라고 했다. (3단락 2행)

　　　　　　Q: Ryan은 왜 재활용을 하는가?

A: 그는 바다를 구하는 것을 돕고 싶어 한다.

01행 In 2012, **three-year-old** Ryan Hickman went to a recycling center with his father.
- 〈기수-year-old〉는 (나이가) '~세의'란 의미이다. 수식하는 대상 앞에 붙으며 year 뒤에 -s를 붙이지 않도록 주의한다.

02행 The next day, Ryan **asked his parents to *give*** empty plastic bags to their neighbors.
- 〈ask+목적어+to-v〉는 '~에게 …하도록 부탁[요청]하다'의 의미이다.
- 〈give A to B〉는 'A를 B에게 주다'의 의미이다. 〈give B A〉로 바꾸어 쓸 수 있다. (= give their neighbors empty plastic bags)

07행 Today, Ryan collects **plastic and glass bottles as well as cans**.
- 〈A as well as B〉는 'B뿐만 아니라 A도'의 의미이며, 3가지를 나열할 때는 〈A and B as well as C〉 형태로 쓸 수 있다. 해석하면 '캔뿐만 아니라 플라스틱병과 유리병도'의 의미이다.

10행 Ryan's goal is **to *help*** save the oceans.
- to help는 to부정사의 명사적 용법으로 be동사 뒤에서 주격보어 역할을 한다. 해석은 '돕는 것'으로 한다.
- 〈help+(to)동사원형〉은 '~하는 것을 돕다'의 의미이다.

11행 **Thanks to** him, many cans and bottles do not *end up there*.
- thanks to는 '~덕분에'의 의미이다.
- end up은 '결국 (어떤 처지가) 되다'의 의미이다. 뒤에 장소가 나와서 〈end up+장소〉 형태로 쓰이면 '결국 ~에 가게 되다'의 의미이다.

06 Teens

p.026

정답
1 ③   **2** ③   **3** ③   **4** passing, dribbling
Word Check   **1** improve   **2** cheer for   **3** tryout

지문 해설 금요일에, 우리 학교는 농구팀 입단 테스트를 했다. 나는 정말 긴장이 됐다. 작년에 나는 팀에 들어가지 못했다. 올해에는 내 친구 Derek이 나를 도와주겠다고 말했다.

매일 방과 후에, Derek과 나는 농구장에 갔다. 우리는 공을 드리블하고 패스하는 것을 연습했다. 나는 공을 패스하는 것에 매우 능숙하다. 하지만 나는 드리블할 때 항상 내 발에 걸려 넘어진다. Derek은 내가 많이 나아지도록 도와주었다. 우리는 또한 교대로 공을 슈팅했다.

입단 테스트 날에 Derek이 나를 응원하러 왔다. 농구 감독님은 나에게 공을 드리블하고 패스하고 슈팅하는 것을 보여달라고 요청했다. 마침내, 감독님은 나를 팀원으로 뽑아 주셨다. 나는 매우 신이 났다!

문제 해설

1 학교 농구팀 입단 테스트를 위한 준비 과정 및 입단 테스트에 관한 글이므로 ③ '농구 입단 테스트'가 가장 알맞다.
① 나의 가장 친한 친구
② 내가 가장 좋아하는 운동
④ 농구 경기 즐기기
⑤ 농구 선수가 되는 법

2 글쓴이를 도운 Derek은 글쓴이의 친구이다. (1단락 2~3행)

3 마침내 원하던 농구팀에 들어가게 되었으므로 ③ '신이 난'이 가장 알맞다.

① 슬픈　　　② 화가 난　　　④ 걱정하는　　　⑤ 실망한

4 글쓴이는 공을 <u>패스하는 것</u>은 매우 능숙하지만 <u>드리블하는 것</u>은 능숙하지 않다.

02행 This year, **my friend**, **Derek**, *said* [*(that) he would help me*].

· my friend와 Derek은 동격 관계이다.

· [ ]는 said의 목적어절로 said 뒤에 접속사 that이 생략되었다. 주절의 동사 said와 시제를 일치시키기 위해 would를 썼다.

05행 We **practiced dribbling** and **passing** the ball.

· 〈practice+-ing〉는 '~하는 것을 연습하다'의 의미이다.

07행 Derek **helped me improve** a lot.

· 〈help+목적어+(to)동사원형〉은 '~가 …하는 것을 돕다'의 의미이다.

07행 We also **took turns shooting** the ball.

· 〈take turns+-ing〉는 '교대로 ~하다'의 의미이다.

09행 On the day of the tryouts, Derek came **to cheer** for me.

· to cheer는 to부정사의 부사적 용법으로 '~하기 위해(목적)'의 의미로 쓰였다.

11행 The basketball coach **asked me to show** my dribbling, passing, and shooting skills.

· 〈ask+목적어+to-v〉는 '~에게 …하도록 부탁[요청]하다'의 의미이다.

13행 Finally, the coach **chose me to be on the team**.

· be on the team은 '팀의 일원이다'의 의미이다. chose me to be on the team은 '나를 팀원으로 뽑았다'로 해석할 수 있다.

07 Culture

p.028

정답	**1** ③　　**2** ④　　**3** (1) F　(2) T　　**4** sand-sculpting, April, Port Aransas, food
Word Check	**1** gather　　**2** community　　**3** sculpture

모래성을 매우 좋아하는가? 그렇다면 텍사스 모래 축제는 당신을 위한 행사이다.

텍사스 샌드페스트는 미국에서 가장 큰 모래 조각 대회이다. 그것은 텍사스주의 포트 애런사스에서 매년 4월에 개최된다.

전 세계의 조각가들이 그 해변에 모인다. 그들은 거대한 조각품들을 만든다. 대회에는 몇 가지 부문이 있다. <u>사람들은 그들의 숙련도를 바탕으로 부문을 고른다.</u> 그리고 나서 그들은 상을 타기 위해 경쟁한다. 심지어 어린이 부문도 있다.

텍사스 샌드페스트는 1997년에 시작되어 사흘간의 가족 축제로 성장했다. 방문객들은 음식, 라이브 음악, 그리고 놀라운 모래 조각품들을 즐길 수 있다. 그 행사는 또한 지역 사회에도 기여한다. 축제 수익은 지역 자선 단체들과 학생들을 위한 장학금으로 쓰인다.

1 미국 텍사스주 포트 애런사스 해변에서 열리는 텍사스 샌드페스트에 관한 글이므로 ③ '텍사스의 해변 축제'가 가장 알맞다.

① 어린 시절의 추억들

② 텍사스에서 해야 할 것들

④ 모래성을 만드는 방법

⑤ 해변에서 할 수 있는 재미있는 활동들

2 주어진 문장은 사람들이 숙련도에 따라 부문을 고른다는 내용이므로, 대회에 여러 가지 부분이 있다고 소개되는 내용 뒤인 ④의 위치에 오는 것이 자연스럽다.

3 (1) 대회에는 어린이 부문도 있으므로 사실이 아니다. (3단락 4행)
  (2) 축제 수익은 지역의 자선 단체와 학생들을 위한 장학금으로 쓰인다. (4단락 4~6행)

4
텍사스 샌드페스트

무엇을	미국에서 가장 큰 <u>모래 조각</u> 대회
언제	매년 <u>4월</u>
어디서	텍사스주 포트 애런사스
할 것들	• 모래 조각품 보거나 만들기 • 음식과 라이브 음악 즐기기

구문 해설

02행 The Texas SandFest is **the largest** sand-sculpting competition in the United States.
  • 〈the+최상급〉은 '가장 ~한'의 의미이다. large처럼 -e로 끝나는 형용사는 -st를 붙여서 최상급을 만든다.

06행 **There are several categories** in the competition.
  • 〈there is/are+명사〉는 '~이 있다'의 의미이다. 명사가 단수이면 is, 복수이면 are를 쓴다.

07행 Then they compete **to win** prizes.
  • to win은 to부정사의 부사적 용법으로 '~하기 위해(목적)'의 의미로 쓰였다.

09행 The Texas SandFest began in 1997 and **has *grown*** into a three-day family festival.
  • 〈have/has+p.p.〉는 현재완료로 '과거에 일어난 일이 현재까지 영향을 미치는 상태'를 나타낸다. 여기서는 텍사스 모래 축제가 3일간의 가족 축제로 성장해서 지금도 그러한 상태임을 나타낸다.
  • grow into: ~으로 성장하다

11행 The event also **gives back to** the community.
  • give back to: ~에 기여하다, 환원하다

08 Food

p.030

정답
1 ③ **2** ④ **3** ③ **4** cooking process
Word Check **1** flavor **2** ingredient **3** texture

지문 해석 피자는 세상에서 가장 인기 있는 음식들 중 하나이다. 사람들은 어디에서나 그것을 먹는 것을 좋아한다. 그들은 피자를 왜 그렇게 많이 좋아할까?

사람들은 종종 지방이 많고 진하며 달콤한 음식을 갈망한다. 피자의 반죽 위에는 치즈, 고기, 소스, 그리고 야채를 올린다. 치즈는 지방이 많은 음식이다. 고기 토핑은 매우 진하고 소스는 달콤하다. 이것은 피자를 맛의 완벽한 조합으로 만든다.

피자는 또한 그것의 조리 과정 때문에 인기가 있다. 대개, 사람들은 피자를 오븐에 굽는다. 고온은 양파와 피망 같은 일부 재료를 달콤하고 풍미 있게 만든다. 게다가, 그것은 반죽을 노릇노릇하고 바삭 하게 만든다. 이것은 피자에 훌륭한 맛과 즐거운 식감을 준다.

1 사람들이 피자를 좋아하는 이유를 설명하는 글이므로 ③ '사람들은 왜 피자를 매우 좋아하는가'가 가장 알맞다.

① 피자의 역사

② 최고의 피자 조리법

④ 최고의 피자 재료들

⑤ 전 세계에서 인기 있는 음식들

2 피자를 맛있게 만드는 요소로 지방이 많은 치즈, 맛이 진한 고기 토핑, 달콤한 소스, 그리고 고온을 사용하는 조리 과정이 언급되었다.

① 치즈　　② 고기 토핑　　③ 소스　　④ 기름　　⑤ 고온

3 빈칸 앞 뒤로 고온이 피자에 미치는 영향이 각각 언급되었으므로 ③ '게다가'가 가장 알맞다.

① 사실　　② 그러나　　④ 예를 들어　　⑤ 다시 말해서

4 피자는 맛의 조화와 <u>조리 과정</u> 때문에 맛이 아주 좋다.

구문 해설

01행 Pizza is **one of the most popular foods** in the world.

・〈one of the＋최상급＋복수명사〉는 '가장 ~한 …들 중 하나'의 의미이다.

03행 People often crave **foods** [**that** are fatty, rich, and sweet].

・[ ]는 foods를 수식하는 주격 관계대명사절이다. 해석하면 '지방이 많고 진하며 달콤한'의 의미이다.

07행 This **makes pizza the perfect combination of flavors**.

・〈make＋목적어＋명사(구)〉는 '~을 …로 만들다'의 의미이다.

10행 High heat **makes some ingredients,** *such as* **the onions and green peppers, sweet and flavorful**.

・〈make＋목적어＋형용사〉는 '~을 …하게 만들다'의 의미이다.

・such as는 '~와 같은'의 의미이다.

12행 This **gives pizza its great taste and enjoyable texture**.

・〈give＋A(간접목적어)＋B(직접목적어)〉는 'A에게 B를 주다'의 의미이다.

Words & Phrases

정답						
A	**1** octopus	**2** risky	**3** fin	**4** audience	**5** complete	**6** similar
B	**1** scene	**2** protects	**3** deep	**4** fear	**5** traditional	**6** dress up

문제 해석

A **1** 문어 **2** 위험한 **3** 지느러미 **4** 관객 **5** 완료하다, 끝마치다 **6** 비슷한

B **1** 〈샬롯의 거미줄〉에서 이 장면은 매우 슬프다.
2 어미 고양이는 새끼들을 보호한다.
3 그 강은 깊고 넓다.
4 많은 아이들이 거미에 대한 두려움을 가지고 있다.
5 새해에 그들은 전통 간식을 먹는다.
6 너는 올해 핼러윈 분장을 할 거야?

09 Jobs

정답				
	1 ③	**2** (1) F (2) T	**3** ⑤	**4** dangerous
	Word Check	**1** similar	**2** character	**3** lines

지문 해석

액션 장면은 영화를 더 흥미진진하게 만든다. 이 장면에서 등장 인물들은 위험한 스턴트를 한다. 대부분의 배우들은 스턴트를 할 수 없다. 그것은 그야말로 너무 위험하다. 그래서 다른 사람들이 그 스턴트를 한다.

배우들은 종종 스턴트 대역 배우들이 있다. 스턴트 대역 배우들은 배우들처럼 분장을 한다. 예를 들어, Brie Larson은 〈캡틴 마블〉에서 두 명의 스턴트 대역 배우가 있었다. 두 여성 모두 Larson과 매우 비슷해 보였다. 따라서, 관객들은 Larson이 스턴트를 했다고 생각했다.

스턴트 대역 배우들은 영화에서 어떤 대사도 없다. 대신에, 그들은 격투 장면, 자동차 추격전, 그리고 추락 장면에 나타난다. 스턴트는 위험해서 스턴트 대역 배우들은 그들이 하는 것에 능숙해야 한다. 그들 덕분에, 배우들은 안전할 수 있고, 사람들은 흥미진진한 영화를 즐길 수 있다.

문제 해설

1 스턴트 대역 배우들이 영화에서 하는 역할을 소개하는 글이므로 ③ '스턴트 대역 배우들이 하는 일'이 가장 알맞다.
① 액션 영화
② 〈캡틴 마블〉
④ 스턴트 대역 배우가 되는 법
⑤ 영화 속 최고의 액션 장면들

2 (1) Brie Larson은 〈캡틴 마블〉에서 두 명의 스턴트 대역 배우가 있었다고 했다. (2단락 2행)
(2) 스턴트 대역 배우들은 영화에서 어떤 대사도 없다고 했다. (3단락 1행)

3 빈칸 앞에서 스턴트 대역 배우들이 배우들처럼 분장을 한다고 나오고 빈칸 뒤에는 Brie Larson의 예가 소개되고 있으므로 ⑤ '예를 들어'가 가장 알맞다.
① 마찬가지로 ② 그러나 ③ 그러므로 ④ 게다가

4 밑줄 친 risky는 '위험한'이라는 뜻으로 3단락 2행의 dangerous로 바꿔 쓸 수 있다.

01행　Action scenes **make films *more exciting***.

　　・〈make+목적어+형용사〉는 '~을 …하게 만들다'의 의미이다. 여기서는 형용사 자리에 exciting의 비교급 more exciting이 쓰였다.

05행　Stunt doubles **dress up** like the actors.

　　・dress up은 '(평소보다 옷을) 차려 입다'의 의미이지만, 여기서는 '변장[분장]하다'의 의미로 쓰였다.

07행　**Both women** *looked* very *similar* to Larson.

　　・both는 '둘 다'의 의미이다. 〈both+복수명사〉나 〈both A and B〉 형태로 쓰인다.

　　・〈look+형용사〉는 '~하게 보이다'의 의미이다. '~하게'라고 부사처럼 해석되지만 형용사가 오는 것에 주의한다. *cf.* look similarly (x)

10행　Stunts are dangerous, so stunt doubles **must be** *good at* what they do.

　　・must는 '~해야 한다(의무)'의 의미를 나타내는 조동사이다. 조동사 뒤에는 동사원형을 써야 하므로 be를 썼다.

　　・be good at: ~에 능숙하다, ~을 잘하다

　　・what they do는 '그들이 하는 것'의 의미이다. 여기서 what은 선행사를 포함한 관계대명사로 '~하는 것'으로 해석한다.

10 Animals

p.038

1 ⑤　　**2** ⑤　　**3** ⑤　　**4** fins, ears	
Word Check　　**1** flap　　**2** hunt　　**3** fin	

지문 해석

덤보 문어는 세상에서 가장 귀여운 문어이다. 그것은 귀처럼 생긴 지느러미 때문에 디즈니의 유명한 코끼리인 덤보의 이름을 따서 이름이 지어졌다. 그것은 이 지느러미를 퍼덕임으로써 헤엄친다.

덤보 문어는 크기가 작다. 그것은 길이가 겨우 20센티미터에서 30센티미터 정도이다. 그러나 한 덤보 문어는 길이가 1.8미터까지 자랐다. 평균적으로, 그들은 3년에서 5년 동안 산다. (대부분의 문어들은 해저에 머무른다.)

덤보 문어는 심해에서 산다. 그들은 수심 400미터에서 4,800미터 사이를 헤엄친다. 거기에서 그들은 달팽이, 벌레, 그리고 다른 생물들을 사냥한다. 대부분의 문어와는 달리, 덤보 문어는 먹물을 쏘지 않는다. 그 이유는 그들이 사는 곳에는 포식자가 많지 않기 때문이다.

문제 해설

1 귀처럼 생긴 지느러미 때문에 덤보라는 이름이 붙은 덤보 문어에 관한 글이므로 ⑤ '덤보처럼 생긴 문어'가 가장 알맞다.

　① 디즈니 등장 인물들

　② 문어의 종류

　③ 가장 귀여운 바다 동물들

　④ 해저 생물들

2 덤보 문어의 특징에 관한 내용이므로 문어의 일반적 사실을 소개하는 (e) '대부분의 문어들은 해저에 머무른다'는 내용은 글의 흐름에 맞지 않는다.

3 덤보 문어는 그들이 사는 곳에 포식자가 많지 않기 때문에 먹물을 쏘지 않는다고 했다. (3단락 3~5행)

4 덤보 문어는 귀처럼 생긴 지느러미 때문에 디즈니의 유명한 코끼리인 덤보의 이름을 따서 이름이 지어졌다고 했다. (1단락 1~3행)

　Q: 덤보 문어는 어떻게 그 이름을 갖게 되었는가?

　A: 그것의 지느러미가 코끼리 덤보의 귀처럼 생겼다.

구문 해설　01행　The dumbo octopus is **the cutest** octopus in the world.
　・〈the＋최상급〉은 '가장 ~한'의 의미이다.

01행　It **was named after** Disney's famous elephant, Dumbo, *because of* its earlike fins.
　・be named after는 '~의 이름을 따서 명명되다'의 의미이다.
　・〈because of＋명사(구)〉는 '~ 때문에'의 의미이다.

03행　It swims **by flapping** these fins.
　・〈by+-ing〉는 '~함으로써'의 의미이다.

05행　However, one dumbo octopus grew **to be** 1.8 meters long.
　・to be는 to부정사의 부사적 용법으로 결과를 나타낸다. '~해서 …가 되다'의 의미이다.

11행　**The reason is that** there are not many predators where they live.
　・〈The reason is that 주어+동사〉는 '그 이유는 ~ 때문이다'의 의미이다.

11 Teens

p.040

정답	1 ④　　2 (1) T　(2) F　　3 일찍 준비를 시작하는 것　　4 ①
Word Check	1 motivate　　2 fear　　3 reduce

지문 해석　어떤 사람들은 시험 전에 긴장한다. 시험 스트레스는 학생들에게 동기를 부여할 수 있다. 하지만 너무 많은 스트레스는 도움이 되지 않고 좋지 못한 성과로 이어질 수 있다. 다행히, 시험 스트레스를 다루는 몇 가지 방법이 있다.
　시험 스트레스를 이기는 가장 좋은 방법은 일찍 준비를 시작하는 것이다. 이것은 당신에게 공부할 수 있는 충분한 시간을 줄 것이다. 당신은 또한 공부 시간이 부족한 것에 대해 조급함이나 불안감을 느끼지 않을 것이다.
　다음으로, 규칙적인 휴식을 취하고 균형 잡힌 식사를 하라. 운동은 스트레스를 줄이는 좋은 방법이다. 쉬는 시간 동안 운동할 시간을 내라. 그 후에 당신은 더욱 상쾌한 기분이 들 것이다.
　마지막으로, 부정적인 생각을 차단하라. 두려움에 집중하는 것은 스트레스를 증가시킬 수 있다. 대신에, 자신을 믿고 최선을 다하는 것에 집중하라.

문제 해설　1　시험 스트레스를 다루는 방법들에 관한 내용이므로 ④가 가장 알맞다.

2　(1) 시험 스트레스는 학생들에게 동기를 부여할 수 있다고 했다. (1단락 1~2행)
　(2) 운동은 스트레스를 줄이는 좋은 방법이라고 했다. (3단락 1~2행)

3　바로 앞 문장에 언급된 '일찍 준비를 시작하는 것'을 의미한다.

4　빈칸 뒤에 두려움에 집중하는 대신 해야 할 행동이 이어지므로 ① '대신에'가 가장 알맞다.
　② 마찬가지로　　③ 그러므로　　④ 게다가　　⑤ 예를 들어

구문 해설　05행　The best way **to beat** test stress is to *start* preparing early.
　・to beat는 앞의 명사구 The best way를 수식하는 형용사적 용법의 to부정사이다. 형용사적 용법의 to부정사는 '~할, ~하는'으로 해석한다.
　・to start는 to부정사의 명사적 용법으로 be동사 뒤에서 주격보어 역할을 한다. 해석은 '시작하는 것'으로 한다.

06행　This will **give you enough time** *to study*.
　・〈give＋간접목적어(사람)＋직접목적어(사물)〉은 '~에게 …을 주다'의 의미이다.
　・to study는 앞의 명사 time을 수식하는 형용사적 용법의 to부정사이다.

12행 **Focusing on your fears** can increase your stress levels.

- Focusing on your fears는 주어로 쓰인 동명사구로 '두려움에 집중하는 것'으로 해석한다.

13행 Instead, believe in **yourself** and focus on doing your best.

- 목적어가 생략된 주어인 you와 동일하므로 목적어 자리에 재귀대명사 yourself(너 자신)가 쓰였다.
- doing은 전치사 on의 목적어로 쓰인 동명사이다.

12 Culture

p.042

정답	1 ① 2 ③ 3 ⑤ 4 stone towers, adulthood, protect, tourists
	Word Check 1 complete 2 warrior 3 traditional

지문 해석 스톤 점핑은 인도네시아 니아스 섬의 전통 의식이다. 10살 때부터 니아스 섬 소년들은 돌탑을 뛰어넘는 것을 배운다. 그 탑들은 보통 높이가 2미터이다.

그 의식은 성년기의 시작을 나타낸다. 의식을 하는 날에 니아스 섬 소년들은 전사처럼 옷을 입고 탑을 뛰어넘는다. 이것은 그들이 남자가 될 준비가 되었다는 것을 보여준다. 그것은 또한 그들이 자신의 마을을 지킬 준비가 되었다는 것을 보여준다. 성공한다면 그들은 마을 사람들에게 환영을 받는다.

오늘날 많은 니아스 섬 소년들은 여전히 그 의식을 끝마친다. 하지만 스톤 점핑은 많은 관광객들의 주목을 끌어오기도 했다. 현재는 젊은 남자들로 이루어진 팀이 있다. 그들은 관광객들을 위해 스톤 점핑을 한다.

문제 해설
1 인도네시아 니아스 섬에서 볼 수 있는 독특한 성인식인 스톤 점핑에 관한 내용이므로 ①이 가장 알맞다.

2 주어진 문장의 This는 니아스 섬 소년들이 전사처럼 옷을 입고 탑을 뛰어넘는 것을 가리키며, 이것의 의미가 추가적으로 언급된 내용 앞인 ③의 위치에 오는 것이 자연스럽다.

3 오늘날 많은 니아스 섬 소년들은 여전히 성인식으로서의 스톤 점핑을 한다. (3단락 1행)

4 인도네시아에는 스톤 점핑이라고 불리는 의식이 있다. 니아스 소년들은 10살 때부터 돌탑을 뛰어넘는 것을 배운다. 그 의식을 성공적으로 끝마치는 것은 성년기의 시작을 나타낸다. 이것은 그 소년들이 자신의 마을을 보호할 준비가 되었다는 것을 의미한다. 오늘날, 관광객들은 스톤 점핑에 관심이 있다. 몇몇 니아스 청년들은 관광객들을 위해 스톤 점핑을 하기도 한다.

관광객들 성년기 돌탑 보호하다

구문 해설
02행 From the age of 10, Nias boys **learn to jump** over stone towers.

- ⟨learn+to-v⟩는 '~하는 것을 배우다'의 의미이다. learn은 목적어로 동사가 올 경우 to부정사를 취한다.

07행 If they are successful, they **are welcomed** by the villagers.

- are welcomed는 수동태(be+p.p.) 형태로 '환영을 받는다'의 의미이다.

10행 However, stone jumping **has caught** the attention of many tourists, too.

- has caught는 현재완료(have/has+p.p.)의 계속 용법으로 '(많은 관광객들의 주목을) 끌어왔다'의 의미이다.

UNIT 04

Words & Phrases

p.047

정답
A 1 ancient   2 tube   3 livestock   4 piece   5 pollution   6 bubble
B 1 floats   2 sensitive   3 common   4 university   5 respect   6 enter

문제 해석
A 1 고대의   2 관, 튜브   3 가축   4 조각   5 오염   6 거품
B 1 나무는 물에 뜬다.
  2 이 로션은 민감한 피부에 좋다.
  3 검정색과 갈색은 신발에 흔한 색이다.
  4 나의 숙모는 의사이자 대학 교수이다.
  5 그들은 서로를 더 존중해서 대해야 한다.
  6 들어가기 전에 문을 노크하세요.

13 People

p.048

정답
1 ⑤   2 ③   3 ②   4 speeches, autism
Word Check   1 livestock   2 found   3 sensitive

지문 해석   Temple Grandin은 보스턴에서 1947년에 태어났다. 어렸을 때 그녀는 촉감과 소리에 민감했다. 나중에 그녀의 부모님은 그녀가 자폐증이라는 것을 알게 되었다. 그 결과, 그들은 그녀를 사립학교에 보냈다.
　　Temple은 학교에서 힘든 시간을 보냈다. 그녀는 언어로 생각하지 않았다. 대신에, 그녀는 그림으로 생각했다. 그래서 그녀는 공부하는 데 어려움을 겪었다. 하지만 Temple은 포기하지 않았다. 그녀는 열심히 공부해서 대학에 갔다. 거기서 그녀는 축산학을 공부했다.
　　Temple은 사람들이 동물을 다루는 방식을 싫어했다. 그녀는 동물 복지 회사를 설립했다. 그녀의 회사는 사람들에게 가축을 존중해서 다루는 법을 가르쳤다. Temple은 또한 자폐증에 관한 연설을 많이 했다. 그녀는 자폐증을 가진 사람들을 위한 더 나은 대우를 원했다.

문제 해설   1 자폐증을 이겨내고 동물 복지와 자폐증을 가진 사람들을 위해 살아가는 Temple Grandin에 관한 글이므로 ⑤가 가장 알맞다.

2 주어진 문장은 Temple이 포기하지 않았다는 내용이므로, 그것의 결과에 해당하는 내용 앞인 ③의 위치에 오는 것이 자연스럽다.

3 Temple은 대학 진학 전에 공부하는 데 어려움을 겪었다고만 언급되어 있으므로 ②는 이 글을 통해 알 수 없다. (2단락 2~3행)

4 Temple Grandin은 자폐증에 관한 연설을 많이 했다. (3단락 3~4행)
Q: Temple Grandin은 자폐증을 가진 사람들을 위해 무엇을 했는가?
A: 그녀는 자폐증에 관한 연설을 많이 했다.

구문 해설   01행   **As (she was) a child**, she *was sensitive to* touch and sound.
　　• as는 '~일 때'의 의미로 시간을 나타내는 접속사이다. as 뒤에 she was가 생략되어 있다.

・be sensitive to: ~에 민감[예민]하다

03행 As a result, they **sent her to a private school**.

　・〈send A to B〉는 'A를 B에 보내다'의 의미이다.

05행 So she **had trouble studying**.

　・〈have trouble v-ing〉는 '~하는 데 어려움을 겪다'의 의미이다.

08행 Temple hated **the way** people treated animals.

　・the way는 관계부사 how로 바꿔 쓸 수 있다.

10행 Her company taught people **how to** *treat* livestock with respect.

　・〈how+to-v〉는 '~하는 방법'의 의미이다.

　・treat sb with respect: ~을 존중하다

14 Health

p.050

정답	**1** ④　　**2** (1) T　(2) T　　**3** ⑤　　**4** ⓐ the immune system　ⓑ the same germs
	Word Check　　**1** disease　　**2** get rid of　　**3** invade

지문 해석　세균이 당신의 몸에 침입하면 무슨 일이 일어나는가? 당신은 병에 걸린다. 그렇지만 걱정하지 마라. 당신의 면역 체계가 당신을 낫게 해준다.

　면역 체계는 많은 부분들로 구성된다. 이 부분들은 당신을 보호하기 위해 함께 일한다. 세균이 당신의 몸에 침입할 때 면역 체계는 그것을 발견한다. 그것은 당신의 몸에게 이 세균을 없애라고 한다. 특수한 세포가 세균을 찾아서 죽인다. 그러면, 당신은 낫기 시작한다.

　면역 체계는 또한 과거의 침입자를 기억한다. 만약 같은 세균이 당신의 몸에 다시 들어간다면, 면역 체계는 그것과 더 쉽게 싸운다. 그것이 사람들이 특정 질병에 대해 면역력이 생기는 방식이다. 예를 들어, 대부분의 사람들은 수두에 한 번 이상 걸리지 않는다.

문제 해설　**1** 세균이 우리 몸에 침입했을 때 면역 체계가 우리를 어떻게 보호하는지에 관한 글이므로 ④ '면역 체계가 작동하는 방법'이 가장 알맞다.

　① 신체 부위들

　② 세균이 퍼지는 방법

　③ 건강 유지를 위한 조언

　⑤ 면역 체계를 향상시켜주는 음식

2 (1) 면역 체계의 명령을 받은 특수한 세포가 우리 몸에 침입한 세균을 찾아서 죽인다. (2단락 4행)

　(2) 면역 체계는 과거에 우리 몸에 침입했던 세균을 기억한다. (3단락 1행)

3 빈칸 앞에는 특정 질병에 대해 면역력이 생기는 방식에 관한 내용이 나오고 빈칸 뒤에는 수두를 예로 들고 있으므로 ⑤ '예를 들어'가 가장 알맞다.

　① 대신에　　② 마찬가지로　　③ 그러나　　④ 게다가

4 문맥상 ⓐ는 앞 문장의 the immune system을 가리키며, ⓑ는 문장 앞 부분에 나오는 the same germs를 가리킨다.

구문 해설　**02행**　Do not worry, **though**.

　・though는 문장 끝에 올 경우 '그렇지만'의 의미이다.

02행 Your immune system **helps you *get*** *better*.
- 〈help＋목적어＋(to)동사원형〉은 '~가 …하는 것을 돕다'의 의미이다.
- get better: (병이) 낫다

04행 The immune system **is made up of** many parts.
- be made up of: ~로 구성되다

06행 It **tells your body to get** rid of these germs.
- 〈tell＋목적어＋to-v〉는 '~에게 …하라고 말하다[명령하다]'의 의미이다.

11행 **That is how** people develop immunity to certain diseases.
- That is how는 '그것이 ~하는 방식이다'의 의미이다.

15 Origins

정답	1 ② 2 (1) T (2) F 3 ④ 4 hot, sunny, cool, wax, rainy, accessories, women
	Word Check 1 common 2 royal 3 invention

지문 해석 비 오는 날에 사람들은 우산을 사용한다. 당신은 우산이 새로운 발명품이라고 생각할지도 모른다. 그러나 그것은 사실 고대까지 거슬러 올라간다.

고대 이집트인들은 우산을 사용했다. 하지만 그들은 그것을 비오는 날에 사용하지 않았다. 대신에, 우산은 덥고 화창한 날에 사람들을 시원하게 해주었다. 오늘날 우리는 이 우산을 양산이라고 부른다.

고대 중국인들은 우산에 방수 처리를 하는 방법을 알게 되었다. 그들은 비 오는 날 마른 상태를 유지하게 하기 위해 우산에 밀랍을 발랐다. 왕족들과 귀족들은 이 우산을 사용했다.

고대 그리스인들과 로마인들도 우산이 있었다. 그들은 우산을 여성용 장신구로 여겼다. 1700년대에 이것은 바뀌었다. 남자들은 우산을 가지고 다니기 시작했다. 오늘날 우산은 비가 올 때 어디에서나 흔한 광경이다.

문제 해설

1 고대 이집트, 중국, 그리스, 로마 사람들이 사용했던 우산에 관해 소개하고 있으므로 ②가 가장 알맞다.

2 (1) 고대 이집트인들은 덥고 화창한 날에 시원한 상태를 유지하기 위해 오늘날 양산이라 불리는 우산을 사용했다. (2단락 2~3행)
   (2) 고대 그리스인들과 로마인들은 우산을 여성용 장신구로 여겼다. (4단락 2행)
   (1) 고대 이집트에서는, 사람들이 시원한 상태를 유지하기 위해 우산을 사용했다.
   (2) 고대 그리스와 로마에서는 남자들만 우산을 가지고 다녔다.

3 these umbrellas는 앞 문장에 나온 마른 상태를 유지하기 위해 밀랍을 바른 우산을 가리킨다.

4

고대 이집트인들	덥고, 화창한 날에 시원한 상태를 유지하기 위해 우산을 사용했다
중국 사람들	우산에 밀랍을 발라서 비 오는 날에 사용했다
고대 그리스인들과 로마인들	우산을 여성용 장신구로 여겼다

구문 해설

01행 You **might** *think* [*(that)* the umbrella is a new invention].
- might는 추측을 나타내는 조동사로 '~일지도 모른다'의 의미이다
- [ ]는 think의 목적어절로 think 뒤에 명사절을 이끄는 접속사 that이 생략되었다.

07행 Instead, umbrellas **kept people cool** on hot, sunny days.

・〈keep+목적어+형용사〉는 '~을 …하게 유지하다'의 의미이다.

07행 Today, we **call these umbrellas parasols**.

・〈call A B〉는 'A를 B라고 부르다'의 의미이다.

11행 They **viewed umbrellas as accessories** for women.

・〈view A as B〉는 'A를 B로 여기다[생각하다]'의 의미이다.

16 Environment

p.054

정답	1 ⑤　　2 ③　　3 ③, ④　　4 거품 장벽이 2센티미터보다 큰 조각들만 붙잡을 수 있는 것
	Word Check　　1 piece　　2 tube　　3 surface

지문 해석　플라스틱 오염은 세계적인 문제이다. 암스테르담에서는 플라스틱이 운하에 자주 들어간다. 그런 다음 그것은 북해로 이동한다. 암스테르담은 그 플라스틱을 붙잡을 방법이 필요했다.

2019년에 그 도시는 거품 장벽을 만들었다. 그것은 각 운하의 수면으로 거품을 올려 보내는 관이다. (B) 이것은 물 속에서 물의 흐름을 만들어낸다. (A) 그것은 플라스틱을 떠오르게 만든다. (C) 그런 다음 사람들은 그것을 수거해서 치운다.

거품 장벽은 플라스틱은 붙잡지만 물고기와 배는 지나가게 해준다. 그것은 또한 거품이 물에 산소를 더해주기 때문에 물고기에게 도움이 된다.

단 한 가지의 문제가 있다. 거품 장벽은 2센티미터보다 더 큰 조각들만 붙잡을 수 있다. 암스테르담은 더 작은 조각들을 붙잡을 방법을 아직도 찾고 있다.

문제 해설　**1**　암스테르담 운하의 플라스틱 오염을 해결하기 위해 만든 '거품 장벽'에 관한 글이므로 ⑤ '플라스틱 오염의 똑똑한 해결책'이 가장 알맞다.

① 플라스틱 오염

② 암스테르담의 운하

③ 유럽의 도시들 방문하기

④ 더 적은 플라스틱으로 살기 위한 조언

2　거품이 물의 흐름을 만들고(B) 플라스틱이 떠오르게 되면(A) 사람들이 플라스틱을 수거해 치운다(C)는 내용으로 이어지는 것이 자연스럽다.

3　거품 장벽은 물고기와 배는 지나가게 해주고, 거품이 물에 산소를 더해주어 물고기에게 도움이 된다고 했다. (3단락)

4　one problem은 뒤에 나오는 내용인 '거품 장벽이 2센티미터보다 큰 조각들만 붙잡을 수 있는 것'을 가리킨다.

구문 해설　**04행**　Amsterdam needed a way **to catch** the plastic.

・to catch는 앞의 명사구 a way를 수식하는 형용사적 용법의 to부정사이다. 형용사적 용법의 to부정사는 '~할, ~하는'으로 해석한다.

06행　It is **a tube** [**that** sends bubbles up to each canal's surface].

・[ ]는 a tube를 수식하는 주격 관계대명사절이다. 해석하면 '운하의 수면으로 거품을 올려보내는'의 의미이다.

07행　It **makes the plastic float** up.

・〈make+목적어+동사원형〉은 '~을 …하게 만들다'의 의미이다.

10행 The Bubble Barrier catches plastic but **allows fish and boats to pass**.
· 〈allow+목적어+to-v〉는 '~가 …하게 (허락)하다'의 의미이다.

11행 It also helps fish because the bubbles **add oxygen to the water**.
· 〈add A to B〉는 'A를 B에 더하다'의 의미이다.

13행 The Bubble Barrier can only catch pieces **larger than 2 cm**.
· larger than 2cm는 '2센티미터보다 큰'의 의미로 앞의 명사 pieces를 수식한다. pieces 뒤에 〈주격 관계대명사 +be동사〉인 which[that] are가 생략되어 있다.

UNIT 05

Words & Phrases

정답												
	A	**1** connect	**2** stack	**3** souvenir	**4** blurry	**5** leak	**6** spot
	B	**1** turn up	**2** mood	**3** worth	**4** unique	**5** nicknames	**6** photograph

문제 해석
A **1** 연결하다 **2** 쌓다 **3** 기념품 **4** 흐릿한 **5** 누수, 새는 곳 **6** 점
B **1** 온도 좀 높여주겠니? 너무 추워.
2 그녀는 시험 후에는 항상 기분이 안 좋다.
3 다이아몬드는 많은 돈의 가치가 있다.
4 그 가수의 스타일은 매우 멋지고 독특하다.
5 어떤 부모들은 그들의 자녀에게 별명을 지어준다.
6 그들은 그 탑의 사진을 찍었다.

17 Places

정답	
	1 ④ **2** ⑤ **3** (1) T (2) F **4** thick walls
	Word Check **1** adorable **2** unique **3** stack

지문 해석 스머프 마을에 가 본 적이 있는가? 이탈리아의 알베로벨로(Alberobello)는 스머프 마을로 유명하다. 그 마을은 귀여운 오두막들 때문에 그런 별명을 얻었다. 그 오두막들은 트룰리(trulli)라고 불린다.

트룰리는 원뿔 모양의 지붕이 있는 작은 집이다. 전통적으로, 사람들은 돌을 쌓아서 트룰리를 지었다. 비록 트룰리는 튼튼해 보이지 않지만 매우 두꺼운 벽을 가지고 있다. 이 벽은 트룰리를 여름에는 시원하게 겨울에는 따뜻하게 유지해준다.

알베로벨로에는 이 독특한 오두막이 1,000여 채가 있다. 오늘날 그것들은 집과 기념품 가게, 음식점이다. 관광객들은 오두막을 빌려 거기서 묵을 수도 있다. 그들은 진짜 스머프 오두막에 머물고 있는 것 같은 기분이 든다.

문제 해설 **1** 이탈리아 알베로벨로 마을에서 볼 수 있는 건물인 트룰리에 관한 글이므로 ④ '이탈리아의 알베로벨로의 트룰리'가 가장 알맞다.
① 이탈리아의 역사
② 이탈리아에서 방문할 곳들
③ 사람들이 좋아하는 만화 캐릭터
⑤ 세계의 전통 가옥들

2 트룰리에 묵는 데 드는 비용은 글에서 언급되지 않았다.
① 알베로벨로의 별명은 무엇인가? (1단락 1~2행)
② 트룰리는 무엇인가? (2단락 1행)
③ 사람들은 어떻게 트룰리를 지었는가? (2단락 1~2행)
④ 오늘날 트룰리는 어디에 쓰이는가? (3단락 2~3행)
⑤ 트룰리에 묵는 데는 비용이 얼마나 드는가? (언급되지 않음)

3 (1) 알베로벨로에는 1,000여 채가 넘는 트룰리가 있다고 했다. (3단락 1행)

(2) 오늘날 트룰리는 집, 기념품 가게, 음식점 등으로 사용되므로 사실이 아니다. (3단락 2행)

4 트룰리는 <u>두꺼운 벽</u>이 있어서 여름에는 시원하고 겨울에는 따뜻하다.

구문 해설

01행 **Have you ever been to** a smurf village?
- 〈Have you ever been to+장소?〉는 현재완료(have/has+p.p.)의 경험 용법으로 '~에 가본 적이 있는가?'의 의미이다.

03행 The huts **are called** trulli.
- are called는 수동태(be+p.p.) 형태로 '~라고 불린다'의 의미이다.

04행 Traditionally, people built trulli **by stacking** stones.
- 〈by+-ing〉는 '~함으로써'의 의미이다.

06행 These walls **keep them cool** in summer and **warm** in winter.
- 〈keep+목적어+형용사〉는 '~을 …하게 유지하다'의 의미이다.

10행 They **feel like (that)** they are staying in a real smurf hut.
- 〈feel like(+that)+주어+동사〉는 '~ 같은 기분이 들다'의 의미이다. *cf.* feel like+-ing: ~하고 싶다

18 Space

p.062

<table>
<tr><td>정답</td><td colspan="4">1 ⑤   2 ①   3 ⑤   4 real</td></tr>
<tr><td></td><td>Word Check</td><td>1 photograph</td><td>2 blurry</td><td>3 prove</td></tr>
</table>

지문 해석 우리는 어떻게 블랙홀이 실제로 있다는 것을 아는가? 과거에는 그것의 사진이 하나도 없었다. 사진을 찍는 것은 그야말로 너무 어려웠다. 무엇이 바뀌었는가?

이벤트 호라이즌 망원경은 블랙홀의 최초 사진들을 찍었다. 그 망원경을 만드는 것은 쉽지 않았다. 수백 명의 과학자들이 10년 넘게 설계에 몰두했다. 그들이 선택한 블랙홀은 지구에서 매우 멀리 떨어져 있다. 그들은 거대하고 강력한 망원경이 필요했다. 과학자들은 전세계 여덟 개의 전파 망원경들을 사용했다.

2017년 4월에 팀의 노력은 결실을 맺었다. 그 망원경은 많은 사진들을 담았다. 그 사진들은 어두운 점 둘레에 흐릿한 빛으로 이루어진 원을 보여준다. 그 점은 블랙홀이 <u>실제로 있다는 것</u>을 증명한다.

문제 해설

1 이벤트 호라이즌 망원경으로 찍은 최초의 블랙홀 사진에 관한 글이므로 ⑤ '블랙홀 촬영하기'가 가장 알맞다.
① 우주 여행
② 위대한 과학자들
③ 거대한 망원경들
④ 블랙홀이란 무엇인가

2 주어진 문장은 망원경을 만드는 것이 쉽지 않았다는 내용이므로, 그 구체적인 제작 과정이 소개되는 내용 앞인 ①의 위치에 오는 것이 자연스럽다.

3 이벤트 호라이즌 망원경이 최초로 관측한 블랙홀의 이름은 글에 언급되지 않았다.

4 이벤트 호라이즌 망원경이 블랙홀의 사진을 촬영하여 그 존재가 증명되었다는 내용의 글이므로, 빈칸에는 '실제로 있는'의 의미인 real이 오는 것이 알맞다.

구문 해설

01행 How do we **know** [(that) black holes are real]?

07행 **The black hole** [(that[which]) they chose] is very far away from Earth.

• [ ]는 The black hole을 수식하는 관계대명사 절이다. 관계대명사 절에는 목적격 관계대명사 that[which]이 생략되어 있다.

19 Food

p.064

정답	
	1 ② **2** (1) F (2) T **3** ⑤ **4** cheaper, expensive, gold, medicines
	Word Check **1** aroma **2** mood **3** fake

지문 해석 1444년에 한 독일 상인이 사형 선고를 받았다. 왜일까? 그는 세상에서 가장 비싼 향신료를 더 값싼 가루와 섞었다. 그런 다음 그는 그 가짜 향신료를 팔려고 했다. 그가 그것을 무엇이라고 했을까? 사프란이다!

사프란은 아직도 세계에서 가장 비싼 향신료이다. 사실 사프란은 금보다 더 가치가 있다. 사프란은 크로커스 꽃의 암술대에서 나온다. 각각의 꽃에는 암술대가 세 개만 생긴다. 그래서 1킬로그램의 사프란을 만드는 데는 15만 송이가 넘는 꽃이 필요하다!

사프란은 독특한 맛과 색, 향기로 알려져 있다. 사람들은 향수와 염료, 약을 만들기 위해 그것을 사용한다. 요리사들은 맛과 색을 내기 위해 그것을 파에야 같은 요리에 넣는다. 사람들은 또한 기분을 좋게 하기 위해 사프란 차를 마시기도 한다.

문제 해설 **1** ⓐ, ⓒ, ⓓ, ⓔ는 사프란을 가리키지만 ⓑ는 상인이 만든 가짜 향신료를 가리킨다.

2 (1) 독일 상인의 일화로 미루어 보아 사프란이 과거에도 비싼 향신료였음을 알 수 있다. (1단락)
(2) 사프란은 향수, 염료, 약, 요리 등에 다양하게 쓰인다. (3단락 2행)

3 사프란이 추출되는 크로커스 꽃의 암술대는 송이 당 세 개만 생기기 때문에 사프란 1킬로그램을 만드는 데는 무려 15만 송이가 넘는 꽃이 필요하다고 했다. (2단락 3~4행)

4 1444년에 한 독일 상인이 사프란을 더 <u>값싼</u> 가루와 섞었다. 그는 그것을 팔려고 시도한 것 때문에 사형 선고를 받았다. 이것은 사프란이 세계에서 가장 <u>비싼</u> 향신료이기 때문이다. 그것은 심지어 <u>금</u>보다 더 가치가 있다. 사프란은 크로커스 꽃에서 나온다. 그것은 향수, 염료, 그리고 <u>약</u>을 만드는 데 쓰인다. 그것은 또한 요리에 첨가되거나 차로도 만들어진다.

> 비싼 금 약 더 값싼

구문 해설 03행 Then, he **tried to sell** the fake spice.

• 〈try+to-v〉는 '~하려고 노력하다'의 의미이다.

08행 **Each flower produces** just three threads.

• each(각각의)는 항상 단수명사, 단수동사와 함께 쓰인다.

08행 So **it takes over 150,000 flowers to make** 1 kg of saffron!

• 〈it takes+시간/돈/노력 등+to-v〉는 '~하는 데 …이 들다'의 의미이다.

20 Technology

p.066

정답	1 ⑤　　2 (1) T　(2) F　　3 ⑤　　4 connects
	Word Check　　1 object　　2 cozy　　3 detect

지문 해석　당신이 추운 겨울 밤 가족과 함께 집에 가고 있다고 상상해 보라. 당신의 차는 당신이 거의 도착했다고 알리기 위해 당신의 집에 메시지를 보낸다. 당신의 집은 온도를 높인다. 당신이 도착했을 때 방들은 따뜻하고 아늑하다.

　사물 인터넷은 이런 상황을 가능하게 만든다. 사물 인터넷은 사물들을 서로 연결하는 통신망이다. 이 사물들은 정보를 수집하는 센서가 있다. 그런 다음 그것들은 와이파이를 사용해서 사람들에게 정보를 보낸다.

　미래에 사물 인터넷은 집 밖에 있는 사물에도 사용될 수 있다. 예를 들어, 숲에 있는 센서들은 산불을 감지할 수 있다. 배관에 있는 센서들은 누수를 알릴 수 있다. 이것은 사람들에게 위험에 대해 경고를 하고 많은 사고들을 예방할 수 있을 것이다.

문제 해설

1　사물 인터넷의 문제점은 글에 언급되지 않았다.

2　(1) 사물 인터넷은 사물들을 서로 연결시키는 통신망이다. (2단락 2행)
　　(2) 사물 인터넷은 집 밖에서도 쓰일 수 있다고 나온다. (3단락 1~2행)

3　빈칸 앞에는 사물 인터넷이 집 밖에 있는 사물에 쓰일 수 있다고 나오고 빈칸 뒤에는 그에 대한 몇 가지 예시가 나오므로 ⑤ '예를 들어'가 가장 알맞다.
　　① 대신에　　② 그러나　　③ 그 결과　　④ 게다가

4　connect는 '연결하다'의 의미이다. 두 문장 모두 주어가 3인칭 단수이므로 끝에 -s를 붙여 connects로 써야 한다.
　　• 그 다리는 두 마을을 연결한다.
　　• 이 케이블은 프린터를 컴퓨터에 연결시킨다.

구문 해설

02행　Your car **sends a message to your home** *to tell* it you are nearly there.
　　• 〈send A to B〉는 'A를 B에 보내다'의 의미이다.
　　• to tell은 to부정사의 부사적 용법으로 '~하기 위해(목적)'의 의미로 쓰였다.

05행　The Internet of Things (IoT) **makes this situation possible**.
　　• 〈make+목적어+형용사〉는 '~을 …하게 만들다'의 의미이다.

06행　The IoT is **a network** [**that** *connects objects to one another*].
　　• [ ]는 a network를 수식하는 주격 관계대명사절이다. 해석하면 '사물들을 서로 연결하는'의 의미이다.
　　• connect A to B는 'A를 B에 연결하다'의 의미이다.
　　• one another: (셋 이상) 서로

09행　In the future, the IoT **could be used** for things outside the home, too.
　　• could는 여러 가지 가능성 중 하나를 나타내어 '~할 수도 있다'의 의미이다. 조동사 could 뒤에 수동태(be+p.p.)가 쓰였으므로 '사용될 수도 있다'로 해석된다.

11행　This could **warn people of danger** and prevent many accidents.
　　• 〈warn A of B〉는 'A에게 B에 대해 경고하다'의 의미이다.

UNIT 06

Words & Phrases

정답	A	**1** subject	**2** pill	**3** aircraft	**4** put on	**5** tornado	**6** replace
	B	**1** taste	**2** military	**3** scared	**4** mushrooms	**5** Eventually	**6** lecture

문제 해석

A **1** 과목 **2** 알약 **3** 항공기 **4** 입다, 쓰다 **5** 회오리바람, 토네이도 **6** 대신하다

B **1** 나는 땅콩버터 맛을 좋아하지 않는다.

2 그는 그 군대의 군인이다.

3 많은 아이들이 치과에 가는 것을 무서워한다.

4 어떤 버섯은 당신을 아프게 할 수 있다.

5 결국, 우리는 사라진 개를 찾았다.

6 선생님은 로봇에 대한 강의를 하셨다.

21 Food

정답	**1** ③	**2** ①	**3** ④	**4** medicine
	Word Check	**1** pill	**2** work	**3** cure

지문 해석 케첩은 전 세계에서 사랑 받는다. 사람들은 그것을 핫도그나 감자튀김 같은 많은 음식 위에 올려 먹는다. 그러나 케첩이 항상 소스였던 것은 아니었다. 사실, 그것은 한때 약이었다.

과거에는 케첩을 생선과 버섯, 다른 재료들로 만들었다. 1834년에 John Cook Bennet이라는 이름의 의사가 토마토를 넣었다. 그는 토마토에 많은 건강상의 이점이 있기 때문에 이렇게 했다. 그는 나중에 자신의 소스를 알약으로 만들었다. 그는 그의 알약이 많은 병을 치유할 수 있을 거라고 말했다.

불행하게도 그것은 효과가 없었다. 그래서 사람들은 케첩을 약으로 사용하는 것을 중지했다. 하지만 그들은 여전히 그 맛을 좋아했다. 그들은 집에서 자신만의 토마토 케첩을 만들었다. 오늘날에는 많은 상점과 음식점에서 케첩을 찾을 수 있다.

문제 해설 **1** 토마토 케첩이 어떻게 생겨났는지에 관한 글이므로 ③이 가장 알맞다.

2 과거에는 케첩을 생선과 버섯, 다른 재료들로 만들었다고 했으므로 ① '케첩은 생선으로 만들었다'는 내용과 일치한다. (2단락 1행)

② John Cook Bennet이 케첩을 발명했다.

③ John Cook Bennet의 알약은 많은 병을 치유했다.

④ 사람들은 토마토 케첩의 맛을 좋아하지 않았다.

⑤ 사람들은 여전히 케첩을 약으로 사용한다.

3 this는 앞 문장 내용, 즉 John Cook Bennet이라는 의사가 케첩에 토마토를 넣은 것을 가리킨다.

4 토마토 케첩의 유래를 소개하면서 그것이 처음에는 약으로 만들어졌다는 내용의 글이므로 빈칸에는 medicine이 들어가는 것이 알맞다.

구문 해설

01행 Ketchup **is loved** all over the world.
- is loved는 수동태(be+p.p.) 형태로 '사랑 받다'의 의미이다.

02행 However, ketchup was **not always** a sauce.
- not always는 부분 부정을 나타내어 '항상 ~인 것은 아니다'라고 해석한다.

04행 In the past, ketchup **was made with** fish, mushrooms, and other ingredients.
- be made with는 '~로 만들어지다'의 의미로 많은 재료들 가운데 몇몇을 골라서 말할 때 쓴다.

09행 So people **stopped using** ketchup *as* a medicine.
- 〈stop+-ing〉는 '~하는 것을 멈추다'의 의미이다.
- as는 자격, 기능을 나타내어 '~로'의 뜻으로 쓰였다.

22 Education

p.074

정답

1 ③ **2** ④ **3** ④ **4** different, computers, virtual reality, Robots

Word Check **1** urgent **2** replace **3** distant

지문 해석

미래에 공부하는 것을 상상할 수 있는가? 교실은 매우 다를 것이다. 학생들은 그들만의 컴퓨터가 있을 것이다. 긴급한 질문이 있는가? 그것을 컴퓨터에 입력하고 빠른 답변을 받아라. 시험을 보고 강의를 보기 위해서도 컴퓨터를 사용하라.

학생들은 또한 가상 현실을 사용할 수 있을 것이다. 공룡에 대해 배우고 싶은가? VR 헤드셋을 써라. 그것은 당신을 과거로 데려갈 것이다. 당신은 실제 크기의 공룡들이 걸어 다니는 것을 볼 수 있다. 하지만 무서워하지 마라! 그것들은 진짜가 아니다.

먼 미래에는 로봇이 교사를 대신할지도 모른다. 이 로봇들은 많은 과목들을 가르칠 것이다. 학교에 가고 싶지 않은가? 당신은 로봇 교사를 구해서 집에서 대신 공부할 수 있다.

문제 해설

1 미래에 학생들이 어떤 환경에서 공부하게 될지에 관한 글이므로 ③ '미래에 공부하는 것'이 가장 알맞다.
① 가상 현실 ② 로봇 교사 ④ 교육의 중요성 ⑤ 기술의 문제점

2 They는 실제가 아닌 것으로, VR 헤드셋을 썼을 때 보이는 dinosaurs를 가리킨다.
① 학생 ② 컴퓨터 ③ VR 헤드셋 ④ 공룡 ⑤ 로봇

3 학생들은 VR 헤드셋을 쓰고 공룡들을 볼 수 있으므로 ④ '가상 현실을 사용해서'가 가장 알맞다.
[문제] 글에 따르면, 학생들은 가상 현실을 사용해서 공룡에 대해 배울 것이다.
① 책을 읽어서
② 박물관에 가서
③ 인터넷을 사용해서
⑤ 로봇 교사에게 질문을 해서

4 미래의 교실을 상상해 보라. 그것은 매우 다를 것이다. 학생들은 자신만의 컴퓨터가 있을 것이다. 그들은 시험을 보고 강의를 보는 데 그것을 사용할 것이다. 그들은 또한 과거에 대해 배우기 위해 가상 현실을 사용할 것이다. 로봇은 교사를 대신할지도 모른다. 미래에 당신은 로봇 교사와 함께 집에서 공부할 수 있다.

> 컴퓨터 가상 현실 다른 로봇

05행 Students **will** also **be able to** use virtual reality.

- 〈will be able to-v〉는 '~할 수 있을 것이다'의 의미이다. be able to는 조동사 can과 같은 의미로, 조동사 두 개를 나란히 쓸 수 없기 때문에 will 뒤에 be able to가 쓰였다.

07행 You can **see life-sized dinosaurs walking** around.

- 〈see+목적어+동사원형/-ing〉는 '~가 …하는 것을 보다'의 의미이다.

23 Technology

p.076

정답	
1 ① **2** (1) F (2) T **3** ①, ③, ⑤ **4** small, pilots	
Word Check **1** shoot **2** filmmaker **3** setting	

지문 해석   드론은 항공기의 한 종류이다. 다른 항공기와는 달리, 드론은 매우 작고 조종사가 없다. 군대에서 드론을 처음 사용했다. 하지만 요즘에는 영화 제작자들도 드론을 사용한다.

과거에는 영화 제작자들이 하늘에서 장면을 촬영하는 데 어려움을 겪었다. 이 장면들은 또한 촬영하는 데 돈이 많이 들었다. 드론은 이제 카메라를 가지고 다닐 수 있다. 이 카메라는 촬영 기사가 갈 수 없는 장소에서 장면을 촬영한다. 여기에는 산 정상과 구름 위가 포함된다.

드론이 영화 제작자들을 돕는 몇 가지 다른 방법들도 있다. 드론 덕분에, 영화는 더 넓은 배경을 갖는다. 그 배경은 컴퓨터로 만들어진 배경보다 더 사실적으로 보인다. 드론은 또한 액션 장면을 쉽게 촬영할 수 있다. 이러한 장면은 영화를 더 흥미진진하게 만든다.

문제 해설   **1**   영화를 촬영할 때 드론을 활용하는 것에 관한 글이므로 ① '영화 드론'이 가장 알맞다.
② 흥미진진한 영화들
③ 드론 대 항공기
④ 영화를 제작하는 방법
⑤ 미래의 드론

2   (1) 드론은 군대에서 처음 사용되었다. (1단락 2행)
(2) 요즘에는 영화 제작자들도 드론을 사용한다. (1단락 3행)

3   드론은 촬영 기사가 갈 수 없는 곳에서 촬영할 수 있고(2단락 3~4행), 더 넓고 사실적인 배경을 가지게 하며(3단락 2~3행), 액션 장면을 쉽게 촬영할 수 있다(3단락 3~4행)

4   다른 항공기와 다르게, 드론은 매우 작고 조종사가 없다. (1단락 1~2행)
Q: 드론은 항공기와 어떻게 다른가?
A: 그것은 작고 조종사가 없다.

구문 해설   02행 But these days, filmmakers use drones **as well**.

- as well은 문장 끝에 쓰여 '또한'의 의미이다.

05행 These scenes were also expensive **to film**.

- to film은 to부정사의 부사적 용법으로 형용사 expensive를 수식한다. expensive to film은 '촬영하는 데 돈이 많이 드는'의 의미이다.

06행 These cameras shoot scenes in **places** [(where) cameramen cannot go].

- [ ]는 places를 수식하는 형용사절이다. 장소를 나타내는 선행사 places 뒤에 관계부사 where가 생략되어 있다.

12행 These scenes **make films more exciting**.

- 〈make＋목적어＋형용사〉는 '～을 ～하게 만들다'의 의미이다. 여기서는 형용사 자리에 exciting의 비교급 more exciting이 쓰였다.

24 Literature

p.078

정답	**1** ⑤ **2** ⑤ **3** ② **4** home, the Wicked Witch
	Word Check **1** fairy tale **2** defeat **3** scarecrow

지문 해석 〈오즈의 마법사〉는 L. Frank Baum이 쓴 동화이다. 이야기는 캔자스주에서 시작된다. 주인공 Dorothy는 숙모와 삼촌과 함께 산다. 어느 날 회오리바람이 불어 닥친다. 그것은 Dorothy의 집을 환상의 나라로 휩쓸어 간다. 이 땅은 마녀와 괴물, 마법으로 가득 차있다.

　Dorothy는 집에 돌아가고 싶어 한다. 그녀는 자신을 도와줄 마법사를 찾기 위해 에메랄드 도시로 간다. 가는 길에 그녀는 허수아비와 양철 나무꾼, 사자를 만난다. 그들은 그녀의 친구가 된다.

　결국, Dorothy는 마법사를 만난다. 그는 만약 그녀가 사악한 마녀를 물리친다면 그녀를 집으로 보내주겠다고 약속한다. 내가 그 책에서 가장 좋아하는 부분은 Dorothy가 마녀를 죽일 때이다. 나는 Dorothy가 매우 용감하다고 생각한다.

문제 해설 **1** 동화 〈오즈의 마법사〉의 줄거리와 글 후반부에 자신의 생각을 쓴 것으로 보아 독후감임을 알 수 있다.

2 도로시가 마녀를 죽인 방법에 대해서는 글에 언급되지 않았다.
　① 누가 〈오즈의 마법사〉를 썼는가? (1단락 1행)
　② 〈오즈의 마법사〉의 주인공은 누구인가? (1단락 2행)
　③ Dorothy는 왜 에메랄드 도시에 가는가? (2단락 1~2행)
　④ Dorothy는 에메랄드 도시로 가는 길에 누구를 만나는가? (2단락 2~3행)
　⑤ Dorothy는 어떻게 사악한 마녀를 죽이는가? (언급되지 않음)

3 앞 문장에서 Dorothy가 사악한 마녀를 물리쳤다고 했으므로 ② '용감한'이 가장 자연스럽다.
　① 친절한　　③ 웃기는　　④ 어리석은　　⑤ 정직한

4 마법사는 Dorothy가 사악한 마녀를 물리친다면 그녀를 집으로 보내주겠다고 약속했다. (3단락 1~2행)
　Q: 마법사는 Dorothy에게 무엇을 약속하는가?
　A: 그는 만약 그녀가 사악한 마녀를 물리친다면 그녀를 집으로 보내주겠다고 약속한다.

구문 해설 **04행** This land **is full of** witches, monsters, and magic!

- be full of: ～로 가득 차다

06행 She travels to the Emerald City **to find** a wizard *to help* her.

- to find는 to부정사의 부사적 용법으로 '～하기 위해(목적)'의 의미로 쓰였다.
- to help는 앞의 명사구 a wizard를 수식하는 형용사적 용법의 to부정사이다. 형용사적 용법의 to부정사는 '～할, ～하는'으로 해석한다.

Words & Phrases

정답		
A	**1** tropical **2** sleigh **3** tiny **4** trunk **5** nut **6** sort	
B	**1** delivers **2** butter **3** Whales **4** rarely **5** reindeer **6** population	

문제 해석 **A 1** 열대의 **2** 썰매 **3** 아주 작은 **4** 견과 **5** 분류하다

B 1 그는 매일 아침 우유를 배달한다.

2 팬케이크에 버터를 좀 발라라.

3 고래는 바다에서 살지만 물고기가 아니다.

4 우리 가족은 좀처럼 해외여행을 하지 않는다.

5 순록 네 마리가 언덕 위로 썰매를 끌었다.

6 그 도시의 인구는 220만 명이다.

25 Animals

정답	
	1 ② **2** ④ **3** ④ **4** aggressive
	Word Check **1** awake **2** aggressive **3** avoid

지문 해석 나무늘보는 지구상에서 가장 느린 동물이다. 나무늘보는 하루에 15시간에서 20시간 동안 잠을 잔다. 그들이 깨어 있을 때는 1분에 2미터만 움직일 수 있다.

나무늘보는 포식자들을 피하기 위해 느리게 움직인다. 많은 포식자들은 움직임을 감지함으로써 사냥을 한다. 포식자들은 나무늘보가 매우 느리게 움직이기 때문에 그들을 보지 못한다. 나무늘보는 또한 자신의 털에 조류를 키운다. 조류는 아주 작은 식물이다. 그것은 나무늘보의 털을 녹색으로 변하게 한다. 그것은 나무늘보가 숲에 섞이게 해준다.

나무늘보는 나무에서 좀처럼 내려오지 않는다. 그들은 대소변을 보기 위해 일주일에 한 번만 나무를 떠난다. 만약 그들이 거기서 포식자를 만나면 그들은 공격적이 된다. 놀랍게도 그들은 반격한다. 그들은 포식자를 쫓아낸다.

문제 해설 **1** 나무늘보의 전반적인 습성에 관한 글이므로 ②가 가장 알맞다.

2 포식자들은 나무늘보가 매우 느리게 움직이기 때문에 오히려 잘 보지 못한다 (2단락 2~3행)

3 나무늘보는 대소변을 보기 위해 일주일에 한 번 나무를 떠난다. (3단락 2~3행)

4 나무늘보들은 포식자를 만났을 때 공격적이 된다.

구문 해설 **05행** Sloths move slowly **to avoid** predators.

• to avoid는 to부정사의 부사적 용법으로 '~하기 위해(목적)'의 의미로 쓰였다.

05행 Many predators hunt **by sensing** movement.

• 〈by+-ing〉는 '~함으로써'의 의미이다.

08행 It **makes a sloth's fur turn** green.

• 〈make+목적어+동사원형〉은 '~을 …하게 만들다'의 의미이다.

- 〈turn＋형용사〉는 '~이 되다'의 의미로, 상태의 변화를 나타낸다.

08행 That **helps the sloth *blend*** in with the forest.
- 〈help＋목적어＋(to)동사원형〉은 '~가 …하는 것을 돕다'의 의미이다.
- blend in은 '(주위 환경에) 섞이다'의 의미이다. blend in with the forest는 나무늘보가 숲에 섞여 잘 보이지 않게 되는 것을 의미한다.

10행 Sloths **rarely** come down from the trees.
- rarely는 '좀처럼 ~하지 않는'의 의미이다. 이미 부정의 의미를 갖고 있으므로 부정어 not을 함께 쓰지 않도록 유의한다.

26 Places

p.086

정답
1 ④	**2** ⑤	**3** ⑤	**4** sort, write back

Word Check   **1** cabin   **2** sort   **3** deliver

지문 해석 많은 아이들이 산타클로스를 믿는다. 매년 크리스마스 이브에 산타는 전 세계를 여행한다. 그는 착한 아이들에게 선물을 배달해준다. 산타는 다른 364일을 어디서 보내는 것일까?

핀란드의 로바니에미(Rovaniemi)에는 산타클로스 마을이 있다. (C) 산타는 1985년에 자신의 첫 사무실을 열었다. (B) 아이들은 일 년 내내 그의 오두막집을 방문했다. (A) 2010년에 산타클로스 마을이 문을 열었다. 오늘날에는 약 30만 명의 사람들이 해마다 그 마을을 방문한다. 방문객들은 산타를 만나서 그와 함께 사진을 찍을 수 있다. 그들은 심지어 진짜 순록이 끄는 썰매를 탈 수도 있다.

핀란드로 여행할 수 없는 사람들은 대신 편지를 쓸 수 있다. 거의 200개의 다른 나라 아이들이 산타에게 편지를 보낸다. 산타의 '요정들'은 우편물을 분류하고 아이들 개개인에게 답장을 쓴다.

문제 해설 **1** 핀란드 로바니에미에 있는 산타클로스 마을에 관한 글이므로 ④ '핀란드의 산타클로스 마을'이 가장 알맞다.
① 산타클로스는 실존하는가?
② 산타에게 편지를 쓰자!
③ 최고의 크리스마스 선물
⑤ 크리스마스를 특별하게 만드는 방법

2 산타클로스가 1985년에 처음 사무실을 열고 난 후에(C) 아이들이 그의 오두막집을 방문했고(B) 2010년에는 산타클로스 마을을 열었다(A)는 내용으로 이어지는 것이 자연스럽다.

3 산타클로스의 주소는 글에서 언급되어 있지 않다.
① 산타클로스 마을은 어디에 있는가? (2단락 1행)
② 산타클로스 마을은 언제 열었는가? (2단락 1~2행)
③ 산타클로스 마을에서의 활동들은 무엇인가? (2단락 4~6행)
④ 매년 몇 명의 사람들이 산타클로스 마을을 방문하는가? (2단락 4행)
⑤ 산타클로스의 주소는 무엇인가? (언급되지 않음)

4 산타의 '요정들'은 우편물을 분류하고 아이들에게 답장을 써 준다고 했다. (3단락 3행)
Q: '요정들'은 산타클로스 마을에서 무엇을 하는가?
A: 그들은 우편물을 분류하고 아이들 개개인에게 답장을 쓴다.

02행 He **delivers presents to good children**.
· 〈deliver A to B〉는 'A를 B에게 배달하다'의 의미이다.

11행 **Those who** cannot travel to Finland can write letters instead.
· Those who는 '~하는 사람들'의 의미이다. 문장 전체의 주어는 Those who cannot travel to Finland로 '핀란드로 여행할 수 없는 사람들'로 해석한다.

12행 Children from nearly 200 different countries **send letters to Santa**.
· 〈send A to B〉는 'A를 B에 보내다'의 의미이다.

27 Plants

p.088

정답	**1** ① **2** ⑤ **3** ③ **4** starch, shea butter, trunk
	Word Check **1** nut **2** trunk **3** tropical

지문 해석 빵을 자라게 하는 나무를 상상할 수 있는가? 일부 열대 국가에는 빵나무가 있다. 이 나무는 물론 빵집의 빵을 자라게 하지는 않는다. 대신에 그것은 탄수화물이 풍부한 크고 둥근 열매를 자라게 한다. 그 맛은 갓 구운 빵과 비슷하다.

빵나무처럼, 버터 나무도 진짜 버터를 자라게 하지는 않는다. 그것은 특별한 종류의 열매를 자라게 한다. 사람들은 시어 버터를 만들기 위해 이 열매를 사용한다. 시어 버터는 보디 크림으로 매우 좋다. 그것은 두발 제품에도 첨가된다. 어떤 사람들은 심지어 그것을 식용유로도 쓴다.

나무에서 나온 우유를 마셔보는 것은 어떤가? 남미에는 우유 나무가 있다. 그 우유는 나무 줄기 안에서 생긴다. 그것은 소의 우유 같은 맛이 난다.

문제 해설 **1** 빵나무, 버터 나무, 우유 나무 등 '흥미로운 나무들'에 관해 소개하는 글이다.
① 흥미로운 나무
② 나무가 우리에게 주는 것
③ 시어 버터의 용도
④ 열대 국가에서 자라는 나무
⑤ 빵나무 재배하는 법

2 글에서 빵나무 열매의 요리법에 관한 내용은 없다.

3 ③은 앞 문장에 나온 Shea butter를 가리킨다.
① 빵나무 ② 버터 나무 ③ 바디 크림 ④ 시어 버터 ⑤ 우유

4

빵나무	탄수화물이 풍부한 열매를 자라게 한다.
버터 나무	사람들은 시어 버터를 만들기 위해 버터 나무 열매를 사용한다.
우유 나무	우유는 나무 줄기 안에서 생긴다.

구문 해설 01행 Can you imagine **a tree** [**that** *grows* bread]?
· [ ]는 a tree를 수식하는 주격 관계대명사절이다. 해석하면 '빵을 자라게 하는'의 의미이다.
· grow는 '자라게 하다'의 의미로 쓰였다.

05행 Instead, they grow large round **fruits** [**(that)** are *rich in* starch].

- [ ]는 fruit를 수식하는 주격 관계대명사절이다.
- rich in: ~이 풍부한

09행 Shea butter is great **as** a body cream.
- as는 자격, 기능을 나타내어 '~로(서)'의 뜻으로 쓰였다.

12행 **How about trying** milk *from* a tree?
- ⟨how about+-ing?⟩는 '~하는 것은 어떤가?'의 의미로 ⟨why don't you+동사원형?⟩으로 바꿔 쓸 수 있다.
- from은 '~에서 나온'의 의미이다.

14행 It **tastes like** cow's milk.
- ⟨taste like+명사⟩는 '~ 같은 맛이 나다'의 의미이다.

28 Environment

p.090

정답	1 ③ 2 (A) trees (B) whales 3 ③ 4 ②, ⑤
	Word Check 1 support 2 absorb 3 population

지문 해석 대부분의 사람들은 기후 변화와 싸우는 가장 좋은 방법이 나무라고 생각한다. 나무는 이산화탄소를 흡수하고 산소를 배출한다. 하지만 나무가 지구의 기후를 돕는 유일한 방법은 아니다. 놀랍게도, 고래도 도움이 될 수 있다.

고래는 나무보다 더 많은 이산화탄소를 흡수한다. 사실, 대형 고래 한 마리는 일생 동안 약 33톤의 이산화탄소를 흡수할 수 있다. 고래는 또한 식물 플랑크톤을 부양한다. 식물 플랑크톤은 아주 작은 해양 식물의 한 종류이다. 그것은 지구 산소의 50퍼센트 이상을 만든다. 게다가, 그것은 나무 1조 7천 그루만큼의 이산화탄소를 흡수한다.

불행하게도 사냥은 고래의 개체 수를 줄여왔다. 오늘날에는 약 130만 마리의 대형 고래만이 남아 있다. 대부분의 기후 운동가들은 이제 고래를 구하는 것이 중요하다는 것에 동의한다.

문제 해설 1 고래가 이산화탄소를 흡수하고 식물 플랑크톤을 부양함으로써 기후 변화를 도울 수 있다는 내용이므로 ③이 가장 알맞다.

2 (A)는 기후 변화에 대해 대부분의 사람들이 생각하는 해결책인 trees가, (B)는 새로운 해결책으로 제시된 whales가 들어가야 알맞다.

3 주어진 문장은 식물 플랑크톤이 무엇인지 설명하는 내용이므로 식물 플랑크톤이 처음 언급된 문장 뒤인 ③의 위치에 오는 것이 자연스럽다.

4 고래는 이산화탄소를 흡수하고(2단락 1~2행) 지구 산소의 50퍼센트 이상을 만드는 식물 플랑크톤을 부양한다고 했으므로(2단락 2~3행) 대부분의 기후 운동가들이 고래를 구하는 것이 중요하다는 것에 동의함을 알 수 있다.
① 고래는 똑똑하다.
② 고래는 이산화탄소를 흡수할 수 있다.
③ 고래는 산소를 만든다.
④ 고래는 식물 플랑크톤을 먹는다.
⑤ 고래는 식물 플랑크톤을 부양한다.

구문 해설 01행 Most people **think** [**(that)** trees are the best way *to fight* climate change].
- [ ]는 think의 목적어절로 think 뒤에 명사절을 이끄는 접속사 that이 생략되었다.
- to fight는 앞의 명사구 the best way를 수식하는 형용사적 용법의 to부정사이다. 형용사적 용법의 to부정사는 '~할, ~하는'으로 해석한다.

05행 Whales absorb more CO_2 than trees **do**.

  • do는 앞에 나온 동사 absorb를 대신해서 쓴 대동사이다.

08행 Additionally, it can absorb **as much CO_2 as** 1.7 trillion trees.

  • 〈as+many/much+명사+as〉는 '~만큼 많은 …'의 의미이다.

10행 Unfortunately, hunting **has reduced** whale populations.

  • has reduced는 현재완료(have/has+p.p.)로 과거부터 현재까지 계속된 일을 나타낸다. 사냥이 고래의 개체 수를 '줄여왔다'의 의미이다.

11행 Most climate activists now **agree** [**(that)** *it* is important *to save the whales*].

  • [ ]는 agree의 목적어절로 agree 뒤에 명사절을 이끄는 접속사 that이 생략되었다.

  • 목적어절에서 it은 가주어, to save the whales가 진주어이다.

UNIT 08

Words & Phrases

p.095

| 정답 | A | 1 calendar | 2 tooth | 3 violet | 4 pillow | 5 throw away | 6 upside down |
| | B | 1 leave | 2 flow | 3 concentrate | 4 review | 5 rare | 6 shine |

문제 해석
A 1 달력 2 이, 치아 3 보라색 4 베개 5 버리다 6 거꾸로 된
B 1 네 가방을 버스에 두고 가지 마라.
2 이 강들은 언덕과 산 아래로 흐른다.
3 여기는 너무 시끄럽다. 나는 내 일에 집중할 수 없다.
4 시험 전에 복습하는 것을 도와주겠니?
5 겨울에는 따뜻한 날이 드물다.
6 내일은 해가 빛날 거라 확신한다.

29 Culture

p.096

| 정답 | 1 ④ 2 ③ 3 ② 4 tooth, pillows, money, mouse |
| | Word Check 1 toss 2 pillow 3 treat |

지문 해석
이가 빠지는 것은 아플 수 있다. 하지만 어떤 아이들에게 그것은 신나는 일이다. 그들은 베개 밑에 이를 놓아둔다. 밤이 되면 이의 요정이 이를 가져가고 돈을 두고 간다. 당신은 그것을 믿는가? 아마도 그렇지 않을 것이다. 하지만 서양의 많은 아이들이 그것을 믿는다.

다른 나라들은 그들만의 전통이 있다. 스페인에서는 이의 요정이 쥐이다. 그는 베개 밑에서 이를 가져가고 돈이나 간식을 두고 간다. 멕시코와 페루, 칠레 같은 많은 스페인어권 나라들도 마찬가지이다.

이집트에서는 아이들이 베개 밑에 이를 두지 않는다. 대신에 그들은 이를 하늘에 던지고 태양이 그들에게 새 이를 주기를 희망한다. 그렇게 해서 그들은 아름다운 미소를 가질 수 있다.

문제 해설
1 나라마다 아이의 이가 빠졌을 때 하는 다양한 풍습에 관한 글이다.
2 이의 요정이 새 이를 준다는 내용은 언급되어 있지 않다.
① 이의 요정은 밤에 온다. (1단락 3~5행)
② 이의 요정은 이를 가져 간다. (1단락 3~5행)
③ 이의 요정은 새 이를 준다. (언급되지 않음)
④ 이의 요정은 약간의 돈을 두고 간다. (1단락 3~5행)
⑤ 일부 나라들에서는 이의 요정이 쥐이다. (2단락 1~2행)
3 이집트에서는 빠진 이를 하늘에 던진다고 했다. (3단락 2행)
4 이의 요정은 아이들에게 빠진 이 대신 돈을 주는 요정이다. 보통, 아이들은 베개 밑에 이를 놓아 둔다. 밤이 되면 요정이 이를 가져가고 그것을 돈과 바꿔 놓는다. 스페인에서 이의 요정은 쥐이다. 하지만 이집트에서는 아이들이 빠진 이를 하늘을 향해 던진다.

돈 　 베개 　 이 　 쥐

01행 **Losing a tooth** can be painful.
- Losing a tooth는 주어로 쓰인 동명사구로 '이가 빠지는 것'으로 해석한다.

05행 But many children in Western countries **do**.
- do는 앞에 나온 believe that을 대신하여 쓰인 대동사이다.

09행 **The same is true** for many Spanish-speaking countries, *such as* Mexico, Peru, and Chile.
- The same is true는 '~도 마찬가지다'의 의미이다.
- such as는 '~와 같은'의 의미이다.

12행 Instead, they toss the teeth up into the sky and **hope** [(that) the sun *gives them new teeth*].
- [ ]는 hope의 목적어절로 hope 뒤에 명사절을 이끄는 접속사 that이 생략되었다.
- 〈give＋간접목적어(사람)＋직접목적어(사물)〉은 '~에게 …을 주다'의 의미이다.

30 Teens

p.098

정답				
1 ④	**2** ④	**3** ②	**4** 공부하는 동안 텔레비전을 보거나 전화를 받는 것	
Word Check	**1** quiet	**2** at once	**3** distraction	

지문 해석

공부하는 동안 집중하는 데 어려움을 겪는가? 배운 것을 자주 잊어버리는가? 여기 당신을 위한 몇 가지 학습 조언이 있다.

첫째, 집중을 방해하는 것을 제거해라. 공부하는 동안에는 텔레비전을 보거나 전화를 받지 마라. 이것은 당신이 집중력을 잃게 만들 뿐이다. 마찬가지로, 집에서는 조용한 곳에서 공부해라. 당신은 도서관에 갈 수도 있다.

둘째, 일정표를 짜라. 달력에 시험과 과제물 날짜를 적어라. 당신은 동시에 모든 것을 배울 수는 없다. 하루하루 공부할 주제의 목록을 만들어라. 그것들을 달력에 추가한 다음에 일정표를 따르라.

마지막으로, 자주 복습해라. 날마다 노트를 훑어보라. 정기적으로 복습을 한다면 당신은 그 내용을 더 잘 기억할 것이다.

문제 해설

1 공부하는 데 도움이 될만한 방법들을 소개하는 글이므로 ④ '공부 습관을 개선하는 방법'이 가장 알맞다.
① 학습의 집중을 방해하는 것들
② 공부하기에 가장 좋은 장소들
③ 시험을 준비하는 방법
⑤ 어려운 과목을 공부하는 방법

2 공부할 때 집중하는 데 어려움을 겪거나 배운 것을 자주 잊어버리는 사람들에게 도움이 될만한 학습 조언을 해주는 글이다.
① 경고하기 위해
② 초대하기 위해
③ 칭찬하기 위해
④ 조언하기 위해
⑤ 광고하기 위해

3 빈칸 앞뒤로 집중을 방해하는 것을 없애는 비슷한 방법들을 제시하고 있으므로 ② '마찬가지로'가 가장 알맞다.

4 바로 앞 문장에 언급된 '공부하는 동안 텔레비전을 보거나 전화를 받는 것'을 의미한다.

01행   Do you **have trouble** concentrating *while (you are)* studying?
- 〈have trouble -ing〉는 '~하는 데 어려움을 겪다'의 의미이다.
- 접속사 while은 '~하는 동안'의 의미로 뒤에 you are가 생략되었다. 부사절과 주절의 주어가 같을 경우에 부사절의 〈주어+be동사〉는 생략할 수 있다.

01행   Do you often forget **what you've learned**?
- what you've learned는 '당신이 배운 것'의 의미이다. 여기서 what은 선행사를 포함한 관계대명사로 '~하는 것'으로 해석된다.

04행   This will only **make you lose** focus.
- 〈make+목적어+동사원형〉은 '~을 …하게 만들다'의 의미이다.

11행   If you review regularly, you will remember the material **much** better.
- much는 비교급을 강조하는 부사로 '훨씬'의 의미이다.

31 Space

p.100

정답

1 ④   **2** ③   **3** (1) F (2) T   **4** vacuum cleaners, wet wipes

Word Check   **1** harmful   **2** method   **3** vacuum cleaner

지문 해석

지구에서처럼 세균은 우주에서도 퍼질 수 있다. 우주 비행사들은 우주에서도 청결을 유지해야 하지만, 몇 가지 다른 방법을 쓴다.

무중력 상태에서는 물이 흐르지 않는다. 그래서 우주에서 샤워하는 것은 거의 불가능하다. 그 대신 우주 비행사들은 헹굴 필요가 없는 비누와 샴푸를 사용한다. 씻고 난 후에, 그들은 몸을 말리기 위해 수건을 쓴다.

우주 비행사들은 3, 4일마다 그들의 옷을 갈아입는다. 그렇지만 우주에는 세탁기가 없다. 그들은 그냥 지저분한 옷을 비닐봉지에 넣어서 버린다.

우주 비행사들은 그들의 생활 공간도 청결하게 유지해야 한다. 청소를 하기 위해 그들은 진공 청소기와 물티슈를 사용한다. 그들은 또한 액체 세제도 뿌린다. 그것은 대부분의 해로운 세균을 죽인다.

문제 해설

1 우주 비행사들이 우주에서 청결을 유지하는 방법에 관한 글이므로 ④ '우주에서 청결한 상태 유지하기'가 가장 알맞다.
① 우주에서 생활하기
② 세균을 죽이는 방법
③ 세균이 나쁜 이유
⑤ 우주 비행사가 되는 방법

2 주어진 문장은 우주에서는 샤워가 불가능하다는 내용 뒤인 ③의 위치에 오는 것이 자연스럽다.

3 (1) 우주 비행사들은 3, 4일마다 옷을 갈아입는다. (3단락 1행)
(2) 우주에는 세탁기가 없어서 갈아입은 옷을 비닐봉지에 넣어서 버린다. (3단락 2~3행)

4 우주 비행사들은 진공 청소기와 물티슈를 사용하고 액체 세제를 사용해 해로운 세균을 죽인다고 했다. (4단락 2~3행)
Q: 우주 비행사들은 생활 공간을 청결하게 하기 위해 무엇을 사용하는가?
A: 그들은 진공 청소기, 물티슈, 그리고 세균을 죽이는 액체 세제를 사용한다.

구문 해설

01행   Astronauts **must** *stay clean* in space, too, but they use a few different methods.
- must는 '~해야 한다'의 의미로 의무를 나타내는 조동사이다.

- 〈stay+형용사〉는 '~한 상태를 유지하다'의 의미이다.
- a few는 셀 수 있는 명사의 복수형 앞에 쓰여 '약간의, 몇 개의'라는 의미이다.

04행   So **it** is almost impossible **to take a shower in space**.
- it은 가주어, to take ~ space가 진주어이다.

06행   **After washing**, they use towels *to dry off*.
- 〈after+-ing〉는 '~한 후에'의 의미이다. 전치사의 목적어로 동사가 올 경우 동명사를 쓴다.
- to dry는 to부정사의 부사적 용법으로 '~하기 위해(목적)'의 의미로 쓰였다. dry off는 '몸을 말리다'의 의미이다.

08행   They simply put their dirty clothes into plastic bags and **throw them away**.
- throw away는 〈타동사+부사〉로 이루어진 구동사로서 '~을 버리다'의 의미이다. 구동사의 목적어는 부사 앞이나 뒤에 올 수 있지만, 목적어가 대명사인 경우에는 〈타동사+목적어+부사〉의 어순만 가능하다.
   cf. throw away them (X)

32 Nature

정답	**1** ⑤ **2** ① **3** ③ **4** violet
	Word Check **1** rare **2** upside down **3** bend

지문 해석   비 오는 여름날을 상상해 보라. 비가 멈추면 해가 나온다. 햇빛이 빛나고 갑자기 무지개가 생긴다. 그것은 여러 개의 아름다운 색깔을 가지고 있다.

비가 온 후에 공기 중에는 물이 많이 있다. 태양은 물을 통과해서 비추고 빛은 굴절된다. 이것은 다양한 색깔을 만든다. Isaac Newton경은 무지개의 일곱 색깔 모두를 연구한 최초의 사람이었다. 그 색깔은 빨강, 주황, 노랑, 초록, 파랑, 남색, 그리고 보라색이다.

때로는 빛이 두 번 굴절된다. 그 결과, 쌍무지개가 생긴다. 위쪽에 있는 무지개는 거꾸로 되어 있다. 그래서 빨강 대신에 보라색이 맨 위에 있다. 쌍무지개는 흔치 않으므로 만약 본다면 사진을 찍어라.

문제 해설   **1**   비가 온 후에 무지개가 어떻게 형성되는지에 관해 설명하는 글이므로 ⑤가 가장 알맞다.

2   무지개는 비가 온 후에 공기 중에 물이 많이 있을 때, 햇빛이 물을 통과해서 비추어 굴절되면 다양한 색깔을 만들어 생긴다.
(2단락 1~2행)
[문제] 글에 따르면, 무지개는 보통 비가 온 후에 생긴다.
① 비가 온 후에
② 비가 오기 전에
③ 눈이 올 때
④ 해가 뜰 때
⑤ 날씨가 더울 때

3   무지개가 하늘에 떠있는 시간은 글에서 언급되지 않았다.
① 무엇이 무지개를 만드는가? (2단락 1~3행)
② 무지개의 색깔은 무엇인가? (2단락 4~5행)
③ 무지개는 얼마 동안 하늘에 떠있는가? (언급되지 않음)
④ 누가 무지개의 색깔을 최초로 연구했는가? (2단락 3행)
⑤ 왜 가끔씩 쌍무지개가 생기는가? (3단락 1~2행)

4   쌍무지개 위쪽에 있는 무지개는 거꾸로 되어 있으므로 보라색이 맨 위에 있어야 한다.

구문 해설   06행   The sun shines **through** the water, the light bends.
       • through는 '~을 통과해, ~ 사이로'의 의미이다. shines through the water는 '물을 통과해서 비추다'로 해석할
         수 있다.

    08행   Sir Isaac Newton was **the first to study** all seven colors in a rainbow.
       • 〈the first+to-v〉는 '~한 최초의 사람[것]'의 의미이다.

Workbook

UNIT 01 p.002

A 1 ⓒ 2 ⓑ 3 ⓔ 4 ⓐ 5 ⓓ

B 1 ③ 2 ③

C 1 creature 2 spends 3 outdoors

D 1 look like 2 is full of

E 1 트롤퉁가는 세계에서 가장 유명한 하이킹 장소들 중 하나이다.

2 평균적으로, 정상에 도착해서 돌아오는 데는 10시간에서 12시간이 걸린다.

3 당신의 몸에 대해 부정적인 평을 하지 않도록 해라.

4 그것은 좋은 생각이었지만, 나는 어디서 자원봉사를 해야 할지 몰랐다.

5 당신은 가능한 한 많은 돈을 저축해야 한다.

F 1 But they must be careful, or they might fall off.

2 Last summer vacation, I had nothing to do.

3 This helps the animals get adopted.

4 It is important to save for a rainy day.

5 Making memories is more valuable than the money you save.

UNIT 02 p.004

A 1 ⓑ 2 ⓔ 3 ⓐ 4 ⓒ 5 ⓓ

B 1 ④ 2 ②

C 1 Heat 2 nervous 3 charity

D 1 Thanks to 2 take turns

E 1 Ryan은 부모님에게 빈 비닐봉지를 이웃들에게 주라고 부탁했다.

2 오늘날 Ryan은 캔뿐만 아니라 플라스틱병과 유리병도 수거한다.

3 Derek은 내가 많이 나아지도록 도와주었다.

4 그리고 나서 그들은 상을 타기 위해 경쟁한다.

5 이것은 피자에 훌륭한 맛과 즐거운 식감을 준다.

F 1 He and his father take them to the recycling center.

2 Ryan's goal is to help save the oceans.

3 I am great at passing the ball.

4 There are several categories in the competition.

5 People choose a category based on their skill level.

UNIT 03 p.006

A 1 ⓑ 2 ⓓ 3 ⓐ 4 ⓔ 5 ⓒ

B 1 ④ 2 ②

C 1 village 2 deep 3 character

D 1 named after 2 lead to

E 1 스턴트는 위험해서 스턴트 대역 배우들은 그들이 하는 것에 능숙해야 한다.

2 그것은 이 지느러미를 퍼덕임으로써 헤엄친다.

3 그 이유는 그들이 사는 곳에는 포식자가 많지 않기 때문이다.

4 시험 스트레스를 이기는 가장 좋은 방법은 일찍 준비를 시작하는 것이다.

5 만약 성공한다면 그들은 마을 사람들에게 환영을 받는다.

F 1 Stunt doubles dress up like the actors.

2 Dumbo octopuses are small in size.

3 Exercise is a good way to reduce stress.

4 Focusing on your fears can increase your stress levels.

5 Stone jumping has caught the attention of many tourists, too.

UNIT 04 p.008

A 1 ⓔ 2 ⓐ 3 ⓑ 4 ⓓ 5 ⓒ

B 1 ③ 2 ②

C 1 catch 2 found 3 remove

D 1 give up 2 look for

E 1 어렸을 때 그녀는 촉감과 소리에 민감했다.

2 그래서 그녀는 공부하는 데 어려움을 겪었다.

3 면역 체계는 많은 부분들로 구성된다.

4 그러나 그것은 사실 고대까지 거슬러 올라간다.

5 거품 장벽은 물고기와 배를 지나가게 해준다.

F 1 Temple hated the way people treated

animals.

    2 It tells your body to get rid of these germs.

    3 Today, we call these umbrellas parasols.

    4 They viewed umbrellas as accessories for women.

    5 It makes the plastic float up.

UNIT 05 p.010

A 1 ⓓ   2 ⓐ   3 ⓔ   4 ⓑ   5 ⓒ

B 1 ②   2 ②

C 1 accident   2 rent   3 cozy

D 1 is famous for   2 far away

E 1 스머프 마을에 가 본 적이 있는가?

    2 비록 트룰리는 튼튼해 보이지 않지만 매우 두꺼운 벽을 가지고 있다.

    3 그는 세상에서 가장 비싼 향신료를 더 값싼 가루와 섞었다.

    4 사물 인터넷은 사물들을 서로 연결하는 통신망이다.

    5 미래에 사물 인터넷은 집 밖에 있는 사물에도 사용될 수 있다.

F 1 They feel like they are staying in a real smurf hut.

    2 That spot proves that black holes are real.

    3 In fact, saffron is worth more than gold.

    4 It takes over 150,000 flowers to make 1 kg of saffron.

    5 These objects have sensors that collect information.

UNIT 06 p.012

A 1 ⓔ   2 ⓑ   3 ⓓ   4 ⓐ   5 ⓒ

B 1 ②   2 ①

C 1 above   2 dinosaurs   3 witch

D 1 Put on   2 is made with

E 1 하지만 케첩이 항상 소스였던 것은 아니었다.

    2 사실, 그것은 한때 약이었다.

    3 학생들은 또한 가상 현실을 사용할 수 있을 것이다.

    4 당신은 실제 크기의 공룡들이 걸어 다니는 것을 볼 수 있다.

    5 이 장면들은 또한 촬영하는 데 돈이 많이 들었다.

F 1 Ketchup is loved all over the world.

    2 So people stopped using ketchup as a medicine.

    3 It will take you to the past.

    4 These cameras shoot scenes in places cameramen cannot go.

    5 My favorite part of the book is when Dorothy kills the witch.

UNIT 07 p.014

A 1 ⓑ   2 ⓐ   3 ⓔ   4 ⓒ   5 ⓓ

B 1 ②   2 ③

C 1 awake   2 tropical   3 office

D 1 fight back   2 write back to

E 1 핀란드로 여행할 수 없는 사람들은 대신 편지를 쓸 수 있다.

    2 그 맛은 갓 구운 빵과 비슷하다.

    3 그것은 소의 우유 같은 맛이 난다.

    4 하지만 나무가 지구의 기후를 돕는 유일한 방법은 아니다.

    5 대부분의 기후 운동가들은 이제 고래를 구하는 것이 중요하다는 것에 동의한다.

F 1 He delivers presents to good children.

    2 Instead, they grow large round fruits that are rich in starch.

    3 Shea butter is great as a body cream.

    4 Whales absorb more CO_2 than trees do.

    5 There are only about 1.3 million great whales left today.

UNIT 08 p.016

A 1 ⓑ   2 ⓔ   3 ⓐ   4 ⓓ   5 ⓒ

B 1 ③   2 ④

C 1 wet wipes   2 flows   3 assignment

D 1 at once   2 throw away

E 1 많은 스페인어권 나라들도 마찬가지이다.

    2 그들은 태양이 그들에게 새 이를 주기를 희망한다.

3 배운 것을 자주 잊어버리는가?

4 우주에서 샤워를 하는 것은 거의 불가능하다.

5 우주 비행사들은 3, 4일마다 그들의 옷을 갈아입는다.

F 1 Do you have trouble concentrating while studying?

2 This will only make you lose focus.

3 Astronauts must keep their living spaces clean, too.

4 The sun shines through the water, and the light bends.

5 Sir Isaac Newton was the first to study all seven colors in a rainbow.

내신공략! 독해공략!

내공 중학영어독해 예비중

★ 재미있고 유익한 **32개 지문**

★ 중등 영어교과서 **핵심 기초 문법** 연계

★ 독해력 향상을 위한 **다양한 어휘 문제**

★ 중등 내신 대비 **서술형 문항** 강화

★ 지문 이해도를 높여주는 **배경 지식 코너**

★ 어휘 · 문장 복습을 위한 **워크북** 제공

온라인 학습자료 www.darakwon.co.kr

- MP3 파일
- 단어 테스트
- 지문 해석 Worksheet
- 단어 리스트
- Dictation Sheet
- Review Test 8회

문제 출제 프로그램 voca.darakwon.co.kr

- 다양한 형태의 단어 테스트 제작 · 출력 가능

내신공략! 독해공략!

내공
중학영어독해

예비중
2

Workbook

내신공략! 독해공략!

내공
중학영어독해

예비중
2

Workbook

 **DARAKWON**

Vocabulary Practice

A 다음 영영 뜻풀이에 해당하는 단어를 알맞게 연결하시오.

1 ugly　·　　　　　　· ⓐ today; now

2 negative ·　　　　　· ⓑ bad or harmful

3 amazing ·　　　　　· ⓒ not pretty

4 present ·　　　　　· ⓓ having a high worth

5 valuable ·　　　　　· ⓔ very surprising

B 밑줄 친 단어와 비슷한 의미의 단어를 고르시오.

1 My father <u>dislikes</u> shopping at a shopping center.
　① goes　　　　　② plans　　　　　③ hates　　　　　④ enjoys

2 Let's <u>choose</u> a book for the book report.
　① buy　　　　　② read　　　　　③ pick　　　　　④ borrow

C 다음 문장의 빈칸에 들어갈 알맞은 말을 골라 쓰시오.

creature	normal	search	outdoors	spends

1 Scientists found a strange _____ in the lake.

2 The family _____ a lot of money on food.

3 The school fair is _____ this year.

D 다음 주어진 우리말에 맞게 빈칸을 채우시오.

1 Red panda don't _____ _____ pandas at all.
　레서판다는 전혀 판다처럼 보이지 않는다.

2 My pencil case _____ _____ _____ pencils and
　pens. 내 필통에는 연필과 펜이 가득하다.

Sentence Practice

E 밑줄 친 부분에 유의하여 다음을 해석하시오.

1 Trolltunga is <u>one of the most famous hiking places</u> in the world.

_____

2 On average, <u>it</u> takes 10 to 12 hours <u>to reach the top and to return.</u>

_____

3 <u>Try not to</u> make negative comments about your body.

_____

4 That was a good idea, but I was not sure <u>where to volunteer.</u>

_____

5 You should save <u>as much money as possible.</u>

_____

F 다음 우리말과 같은 뜻이 되도록 괄호 안의 어구를 바르게 배열하시오.

1 그러나 그들은 조심해야만 한다, 그렇지 않으면 그들은 떨어질지도 모른다.
(must / might / be careful, / But they / they / fall off. / or)

_____

2 지난 여름 방학에 나는 할 일이 없었다.
(had / Last summer vacation, / nothing / I / to do.)

_____

3 이것은 동물들이 입양되는 것을 돕는다. (the animals / helps / get adopted. / This)

_____

4 만일의 경우를 위해 저축하는 것은 중요하다.
(for / important / a rainy day. / It / to save / is)

_____

5 추억을 만드는 것은 당신이 저축하는 돈보다 더 소중하다.
(more valuable / Making memories / you save. / than / the money / is)

_____

Vocabulary Practice

A 다음 영영 뜻풀이에 해당하는 단어를 알맞게 연결하시오.

1 empty ·   · ⓐ to get better at something

2 neighbor ·   · ⓑ having nothing inside

3 improve ·   · ⓒ a 3D work of art made of wood, stone, clay, etc.

4 sculpture ·   · ⓓ containing a lot of fat

5 fatty ·   · ⓔ a person who lives next to or near you

B 밑줄 친 단어와 비슷한 의미의 단어나 어구를 고르시오.

1 Many people <u>gathered</u> to see the fire.
　① passed　　② shouted　　③ stood up　　④ got together

2 Children love the sweet <u>flavor</u> of cotton candy.
　① feel　　② taste　　③ color　　④ sound

C 다음 문장의 빈칸에 들어갈 알맞은 말을 골라 쓰시오.

ocean	nervous	charity	heat	crispy

1 _____ turns ice into water.

2 I always feel _____ before a presentation.

3 This _____ helps children in poor countries.

D 다음 주어진 우리말에 맞게 빈칸을 채우시오.

1 _____ _____ my tutor, I passed my math test.
　과외 선생님 덕분에, 나는 수학 시험에 통과했다.

2 My mom and dad _____ _____ cooking dinner.
　우리 엄마와 아빠는 교대로 저녁 식사를 요리한다.

Sentence Practice

E 밑줄 친 부분에 유의하여 다음을 해석하시오.

1 Ryan <u>asked his parents to give</u> empty plastic bags to their neighbors.

_____

2 Today, Ryan collects <u>plastic and glass bottles as well as cans</u>.

_____

3 Derek <u>helped me improve</u> a lot.

_____

4 Then, they compete <u>to win</u> prizes.

_____

5 This <u>gives pizza its great taste and enjoyable texture</u>.

_____

F 다음 우리말과 같은 뜻이 되도록 괄호 안의 어구를 바르게 배열하시오.

1 그와 그의 아버지는 그것들을 재활용 센터에 가지고 간다.
(take / He and his father / to the recycling center. / them)

_____

2 Ryan의 목표는 바다를 구하는 것을 돕는 것이다.
(is / save / Ryan's goal / to help / the oceans.)

_____

3 나는 공을 패스하는 것에 매우 능숙하다. (I am / passing / great at / the ball.)

_____

4 대회에는 몇 가지 부문이 있다.
(the competition. / There are / in / several categories)

_____

5 사람들은 그들의 숙련도를 바탕으로 부문을 고른다.
(People / a category / based on / choose / their skill level.)

_____

Vocabulary Practice

A 다음 영영 뜻풀이에 해당하는 단어를 알맞게 연결하시오.

1 similar ·
2 hunt ·
3 motivate ·
4 break ·
5 warrior ·

· ⓐ to encourage someone to do something
· ⓑ almost the same
· ⓒ a solider or fighter, especially in the past
· ⓓ to catch and eat other animals
· ⓔ a short period of time when you have a rest

B 밑줄 친 단어와 비슷한 의미의 단어를 고르시오.

1 Driving in a snowstorm is risky.
  ① cold   ② wrong   ③ special   ④ dangerous

2 You have one hour to complete the test.
  ① pass   ② finish   ③ guess   ④ explain

C 다음 문장의 빈칸에 들어갈 알맞은 말을 골라 쓰시오.

scene	deep	character	village	successful

1 My grandma lives in a small _____.
2 The lake is very _____ and has many fish.
3 Who is your favorite _____ in this movie?

D 다음 주어진 우리말에 맞게 빈칸을 채우시오.

1 He was _____ _____ his great-grandfather.
그는 증조부의 이름을 따서 이름이 지어졌다.

2 Eating too much can _____ _____ health problems.
과식하는 것은 건강상의 문제로 이어질 수 있다.

Sentence Practice

E 밑줄 친 부분에 유의하여 다음을 해석하시오.

1 Stunts are dangerous, so stunt doubles must be good at <u>what they do</u>.

___

2 It swims <u>by flapping</u> these fins.

___

3 <u>The reason is that</u> there are not many predators where they live.

___

4 The best way to beat test stress is <u>to start</u> preparing early.

___

5 If they are successful, they <u>are welcomed</u> by the villagers.

___

F 다음 우리말과 같은 뜻이 되도록 괄호 안의 어구를 바르게 배열하시오.

1 스턴트 대역 배우들은 배우들처럼 분장을 한다.
(like / dress up / Stunt doubles / the actors.)

___

2 덤보 문어는 크기가 작다. (in size. / are / small / Dumbo octopuses)

___

3 운동은 스트레스를 줄이는 좋은 방법이다.
(a good way / Exercise / to reduce / is / stress.)

___

4 두려움에 집중하는 것은 스트레스를 증가시킬 수 있다.
(can / Focusing on / increase / your fears / your stress levels.)

___

5 스톤 점핑은 많은 관광객들의 주목을 끌어오기도 했다.
(the attention / Stone jumping / of many tourists, / has caught / too.)

___

Vocabulary Practice

A 다음 영영 뜻풀이에 해당하는 단어를 알맞게 연결하시오.

1 livestock ·   · ⓐ an illness

2 disease   ·   · ⓑ connected to the king, queen, and their family

3 royal   ·   · ⓒ a part of something

4 surface   ·   · ⓓ the top layer of water or land

5 piece   ·   · ⓔ animals such as cows or sheep that are kept
                                  on a farm

B 밑줄 친 단어와 비슷한 의미의 단어나 어구를 고르시오.

1 Rick locked the door after he <u>entered</u> the room.
   ① opened   ② knocked   ③ went into   ④ cleaned up

2 Wearing masks is a common <u>sight</u> nowadays.
   ① belief   ② scene   ③ hobby   ④ problem

C 다음 문장의 빈칸에 들어갈 알맞은 말을 골라 쓰시오.

treat	catch	remove	view	found

1 It is easy to _____ a cold in winter.

2 They will _____ schools for children in Africa.

3 I washed the carrots to _____ the dirt on it.

D 다음 주어진 우리말에 맞게 빈칸을 채우시오.

1 The marathoner did not _____ _____ easily.
   그 마라톤 선수는 쉽게 포기하지 않았다.

2 Sally decided to _____ _____ a new job.
   Sally는 새 직장을 찾기로 결심했다.

Sentence Practice

E 밑줄 친 부분에 유의하여 다음을 해석하시오.

1 As a child, she was sensitive to touch and sound.

_____

2 So she had trouble studying.

_____

3 The immune system is made up of many parts.

_____

4 But it actually dates back to ancient times.

_____

5 The Bubble Barrier allows fish and boats to pass.

_____

F 다음 우리말과 같은 뜻이 되도록 괄호 안의 어구를 바르게 배열하시오.

1 Temple은 사람들이 동물을 다루는 방식을 싫어했다.
(treated / Temple / the way / animals. / hated / people)

_____

2 그것은 당신의 몸에게 이 세균을 없애라고 한다.
(your body / It / these germs. / tells / to get rid of)

_____

3 오늘날 우리는 이 우산을 양산이라고 부른다.
(we / these umbrellas / Today, / call / parasols.)

_____

4 그들은 우산을 여성용 장신구로 여겼다.
(for women. / umbrellas / They / as accessories / viewed)

_____

5 그것은 플라스틱을 떠오르게 만든다. (makes / It / float up. / the plastic)

_____

Vocabulary Practice

A 다음 영영 뜻풀이에 해당하는 단어를 알맞게 연결하시오.

1 adorable ·   · ⓐ not clear; difficult to see

2 blurry   ·   · ⓑ a thing that we can see or touch

3 prove   ·   · ⓒ to find; to notice

4 object   ·   · ⓓ very cute and attractive

5 detect   ·   · ⓔ to show something is true

B 밑줄 친 단어와 비슷한 의미의 단어를 고르시오.

1 Jupiter is a <u>huge</u> planet in our solar system.

    ① hard   ② large   ③ round   ④ beautiful

2 The news they heard was <u>fake</u>.

    ① true   ② false   ③ strange   ④ surprising

C 다음 문장의 빈칸에 들어갈 알맞은 말을 골라 쓰시오.

cozy	spot	rent	spice	accident

1 He got hurt in the terrible _____.

2 My family will _____ a boat at the beach.

3 The living room is so warm and _____.

D 다음 주어진 우리말에 맞게 빈칸을 채우시오.

1 The town _____ _____ _____ its festivals.
그 마을은 그곳의 축제들로 유명하다.

2 Her school is _____ _____ from her house.
그녀의 학교는 집에서 멀리 떨어져 있다.

Sentence Practice

E 밑줄 친 부분에 유의하여 다음을 해석하시오.

1 <u>Have you ever been to</u> a smurf village?

2 <u>Although</u> they do not look strong, trulli have very thick walls.

3 He <u>mixed</u> the most expensive spice in the world <u>with</u> cheaper powders.

4 The IoT is a network that connects objects to <u>one another</u>.

5 In the future, the IoT <u>could be used</u> for things outside the home, too.

F 다음 우리말과 같은 뜻이 되도록 괄호 안의 어구를 바르게 배열하시오.

1 그들은 진짜 스머프 오두막에 머물고 있는 것 같은 기분이 든다.
(in a real smurf hut. / They / are staying / feel like / they)

2 그 점은 블랙홀이 실제로 있다는 것을 증명한다.
(proves / are real. / That spot / black holes / that)

3 사실, 사프란은 금보다 더 가치가 있다.
(more than / In fact, / worth / is / gold. / saffron)

4 1킬로그램의 사프란을 만드는 데는 15만 송이가 넘는 꽃이 필요하다!
(over 150,000 flowers / It / 1 kg of saffron! / to make / takes)

5 이 사물들은 정보를 수집하는 센서가 있다.
(have / that / These objects / information. / sensors / collect)

Vocabulary Practice

A 다음 영영 뜻풀이에 해당하는 단어를 알맞게 연결하시오.

1 cure   ·   · ⓐ the location of a story

2 urgent   ·   · ⓑ needing to be dealt with very quickly

3 filmmaker ·   · ⓒ a figure made of hay that scares away birds

4 setting   ·   · ⓓ a person who makes movies

5 scarecrow ·   · ⓔ to stop a disease; to make someone healthy again

B 밑줄 친 단어와 비슷한 의미의 단어를 고르시오.

1 They will <u>shoot</u> the action scene on the bridge.
  ① see   ② film   ③ play   ④ teach

2 My team <u>defeats</u> the Panthers at every game.
  ① beats   ② loses   ③ fights   ④ catches

C 다음 문장의 빈칸에 들어갈 알맞은 말을 골라 쓰시오.

pill	dinosaurs	subject	above	witch

1 The plane is flying _____ the clouds.

2 The _____ all died a long time ago.

3 I will dress up as a(n) _____ for Halloween.

D 다음 주어진 우리말에 맞게 빈칸을 채우시오.

1 _____ _____ your jacket before you go outside.
밖에 나가기 전에 재킷을 입어라.

2 This dish _____ _____ _____ potatoes and peas.
이 요리는 감자와 완두콩으로 만들어졌다.

Sentence Practice

E 밑줄 친 부분에 유의하여 다음을 해석하시오.

1 However, ketchup was <u>not always</u> a sauce.

2 In fact, it was <u>once</u> a medicine.

3 Students <u>will</u> also <u>be able to</u> use virtual reality.

4 You can <u>see life-sized dinosaurs walking</u> around.

5 These scenes were also expensive <u>to film</u>.

F 다음 우리말과 같은 뜻이 되도록 괄호 안의 어구를 바르게 배열하시오.

1 케첩은 전 세계에서 사랑 받는다. (loved / Ketchup / is / all over the world.)

2 그래서 사람들은 케첩을 약으로 사용하는 것을 중지했다.
(ketchup / So people / using / as a medicine. / stopped)

3 그것은 당신을 과거로 데려갈 것이다. (you / the past. / It / take / to / will)

4 이 카메라는 촬영 기사가 갈 수 없는 장소에서 장면을 촬영한다.
(shoot scenes / These cameras / cannot go. / in places / cameramen)

5 내가 그 책에서 가장 좋아하는 부분은 Dorothy가 마녀를 죽일 때이다.
(when / the witch. / My favorite part / kills / is / of the book / Dorothy)

Vocabulary Practice

A 다음 영영 뜻풀이에 해당하는 단어를 알맞게 연결하시오.

1 tiny   ·   · ⓐ not often

2 rarely   ·   · ⓑ extremely small

3 sort   ·   · ⓒ a fruit with a hard shell

4 nut   ·   · ⓓ the number of living people or animals

5 population ·   · ⓔ to separate items into groups

B 밑줄 친 단어와 비슷한 의미의 단어를 고르시오.

1 Mother bears can become <u>aggressive</u>.
  ① shy   ② violent   ③ hungry   ④ surprised

2 The company <u>produces</u> new cars.
  ① buys   ② sells   ③ makes   ④ fixes

C 다음 문장의 빈칸에 들어갈 알맞은 말을 골라 쓰시오.

awake	sleigh	office	fresh	tropical

1 We stayed _____ until 3:00 in the morning.

2 I really want to visit a(n) _____ island.

3 Her father works in a(n) _____ downtown.

D 다음 주어진 우리말에 맞게 빈칸을 채우시오.

1 Some dogs _____ _____ when there is danger.
  어떤 개들은 위험을 느끼면 반격한다.

2 I will _____ _____ _____ my pen pal in France.
  나는 프랑스에 있는 내 펜팔에게 답장을 쓸 것이다.

Sentence Practice

E 밑줄 친 부분에 유의하여 다음을 해석하시오.

1 <u>Those who</u> cannot travel to Finland can write letters instead.

_____

2 The flavor <u>is similar to</u> fresh bread.

_____

3 It <u>tastes like</u> cow's milk.

_____

4 But trees are not the only way <u>to help</u> the Earth's climate.

_____

5 Most climate activists now agree <u>it</u> is important <u>to save the whales</u>.

_____

F 다음 우리말과 같은 뜻이 되도록 괄호 안의 어구를 바르게 배열하시오.

1 그는 착한 아이들에게 선물을 배달해준다.
(He / good children. / delivers / to / presents)

_____

2 대신에 그것은 탄수화물이 풍부한 크고 둥근 열매를 자라게 한다.
(Instead, / large round fruits / starch. / that are / they grow / rich in)

_____

3 시어 버터는 보디 크림으로 매우 좋다. (as / is / a body cream / Shea butter / great)

_____

4 고래는 나무보다 더 많은 이산화탄소를 흡수한다.
(than / Whales / more CO_2 / absorb / trees do.)

_____

5 오늘날에는 약 130만 마리의 대형 고래만이 남아 있다.
(only about / great whales / There are / left / 1.3 million / today.)

_____

Vocabulary Practice

A 다음 영영 뜻풀이에 해당하는 단어를 알맞게 연결하시오.

1 toss · · ⓐ not noisy

2 distraction · · ⓑ to throw lightly

3 quiet · · ⓒ to become curved

4 harmful · · ⓓ having a bad effect on something else

5 bend · · ⓔ something that prevents a person from focusing

B 밑줄 친 단어와 비슷한 의미의 단어를 고르시오.

1 The cut on my leg is very painful.

① old ② tiny ③ sore ④ hard

2 The field is covered with violet flowers.

① red ② green ③ orange ④ purple

C 다음 문장의 빈칸에 들어갈 알맞은 말을 골라 쓰시오.

| tradition | assignment | wet wipes | flows | leaves |

1 I used _____ to clean the table.

2 The river _____ into the Pacific Ocean.

3 We have to finish our _____ tonight.

D 다음 주어진 우리말에 맞게 빈칸을 채우시오.

1 You cannot be in two places _____ _____.
당신은 동시에 두 장소에 있을 수 없다.

2 Don't _____ _____ the trash on the beach.
해변에 쓰레기를 버리지 마시오.

Sentence Practice

E 밑줄 친 부분에 유의하여 다음을 해석하시오.

1 The same is true for many Spanish-speaking countries.

_____

2 They hope the sun gives them new teeth.

_____

3 Do you often forget what you've learned?

_____

4 It is almost impossible to take a shower in space.

_____

5 Astronauts change their clothes every 3 or 4 days.

_____

F 다음 우리말과 같은 뜻이 되도록 괄호 안의 어구를 바르게 배열하시오.

1 공부하는 동안 집중하는 데 어려움을 겪는가?
(Do you / concentrating / while / have trouble / studying?)

_____

2 이것은 당신이 집중력을 잃게 만들 뿐이다. (This / you / make / lose focus. / will only)

_____

3 우주 비행사들은 그들의 생활 공간도 청결하게 유지해야 한다.
(must / their living spaces / Astronauts / clean, / keep / too.)

_____

4 태양은 물을 통과해서 비추고 태양 빛은 굴절된다.
(The sun / through the water, / bends. / and / shines / the light)

_____

5 Isaac Newton경은 무지개의 일곱 색깔 모두를 연구한 최초의 사람이었다.
(was the first / all seven colors / Sir Isaac Newton / to study / in a rainbow.)

_____

MEMO